O cristianismo no Brasil:
dos navegadores portugueses
aos navegadores digitais

O selo DIALÓGICA da Editora InterSaberes faz referência às publicações que privilegiam uma linguagem na qual o autor dialoga com o leitor por meio de recursos textuais e visuais, o que torna o conteúdo muito mais dinâmico. São livros que criam um ambiente de interação com o leitor – seu universo cultural, social e de elaboração de conhecimentos –, possibilitando um real processo de interlocução para que a comunicação se efetive.

Nilton Maurício Martins Torquato

O cristianismo no Brasil:
dos navegadores portugueses
aos navegadores digitais

 Rua Clara Vendramin, 58 . Mossunguê
CEP 81200-170 . Curitiba . PR . Brasil
Fone: (41) 2106-4170
www.intersaberes.com
editora@editoraintersaberes.com.br

Conselho editorial
Dr. Ivo José Both (presidente)
Drª Elena Godoy
Dr. Nelson Luís Dias
Dr. Neri dos Santos
Dr. Ulf Gregor Baranow

Editor-chefe
Lindsay Azambuja

Editor-assistente
Ariadne Nunes Wenger

Preparação de originais
LEE Consultoria

Capa
Charles L. da Silva (*design*)
Fotolia (imagem de fundo)

Projeto gráfico
Charles L. da Silva

Diagramação
Kelly Adriane Hübbe

Dados Internacionais de Catalogação na Publicação (CIP)
(Câmara Brasileira do Livro, SP, Brasil)

Torquato, Nilton Maurício Martins
   O cristianismo no Brasil: dos navegadores portugueses aos navegadores digitais/Nilton Maurício Martins Torquato. Curitiba: InterSaberes, 2017.
   (Série Conhecimentos em Teologia)

   Bibliografia.
   ISBN: 978-85-5972-466-0

   1. Brasil – Igreja – História 2. Teologia I. Título II. Série.

17-06329   CDD-262.00981

Índices para catálogo sistemático:
1. Brasil: Igreja: História: Cristianismo
262.00981

1ª edição, 2017.
Foi feito o depósito legal.

Informamos que é de inteira responsabilidade do autor a emissão de conceitos.

Nenhuma parte desta publicação poderá ser reproduzida por qualquer meio ou forma sem a prévia autorização da Editora InterSaberes.

A violação dos direitos autorais é crime estabelecido na Lei n. 9.610/1998 e punido pelo art. 184 do Código Penal.

sumário

7 *apresentação*

capítulo um
13 **A Igreja Católica Romana nos períodos colonial e monárquico brasileiros**
15 1.1 Origem da ocupação católica
16 1.2 A Igreja Católica e o Estado Real
20 1.3 A Igreja Católica e o escravismo
22 1.4 A Igreja Católica e o judaísmo

capítulo dois
29 **A Igreja Protestante nos períodos colonial e monárquico brasileiros**
31 2.1 A invasão francesa
34 2.2 As invasões holandesas
39 2.3 Chegada oficial dos protestantes ao Brasil
42 2.4 A questão escravista

capítulo três
51   **A República Velha**
53   3.1 Os fanatismos
58   3.2 Os protestantes e a República

capítulo quatro
71   **A Era Vargas**
74   4.1 A igreja oficial do Estado
77   4.2 A Igreja Evangélica

capítulo cinco
87   **Igreja e política na Guerra Fria**
91   5.1 O populismo
100   5.2 A ditadura militar
115   5.3 A redemocratização

capítulo seis
127   **A Igreja em um mundo em transformação**
132   6.1 O neoliberalismo e a igreja triunfante
136   6.2 Fundamentalismo
140   6.3 O uso da internet
143   6.4 Diálogos interdenominacionais e inter-religiosos
145   6.5 Desafios para a Igreja no século XXI

161   *considerações finais*
167   *referências*
173   *bibliografia comentada*
177   *respostas*
181   *sobre o autor*

apresentação[1]

Caro leitor, nesta obra, nosso objetivo é levá-lo a compreender os principais aspectos relacionados à formação da igreja cristã brasileira, suas características e os principais movimentos religiosos presentes na sociedade contemporânea. A proposta parece um tanto grandiosa, principalmente pela complexidade do intrincado mosaico formado pelos diferentes grupos cristãos existentes no Brasil. Para facilitar essa empreitada, os capítulos foram organizados segundo os períodos comumente usados por historiadores para estudar a história brasileira. Serão usadas três palavras que conduzirão as reflexões em cada um dos capítulos desta obra: *conhecimento*, *relação* e *formação*.

---

[1] As passagens bíblicas citadas nesta obra foram extraídas da Bíblia de Jerusalém (Bíblia, 2002), excetuando-se aqueles casos indicados com outra referência e as passagens utilizadas pelos autores citados. Para estas, favor consultar as obras originais de cada autor, constantes na seção "Referências".

Conhecimento não é apenas informação, é vivência. Para Soares (2008), *conhecer* é estabelecer uma relação com o mundo em que o objeto a ser conhecido se encontra, com o contexto desse objeto e com a possibilidade de experimentá-lo. Talvez seja esse o desafio encontrado nas páginas da Bíblia: "Conheçamos, corramos atrás do conhecer a Yahweh[2]; certa, como a aurora, é sua vinda, ele virá a nós como a chuva, como o aguaceiro que ensopa a terra" (Oseias, 6: 3). Não basta informar-se, *conhecer* é uma caminhada na qual se experimenta o que a informação traz a lume. A mera informação dos eventos históricos e dos debates teológicos atuais nada faz pelo leitor se ele não se deixar sorver pelo que encontra a sua frente. Gostaríamos muito que você se abandonasse diante do texto aqui apresentado e se deixasse levar até os distantes campos de batalha da Guerra do Contestado ou até os portos do Rio de Janeiro do século XIX, quando ali chegaram os primeiros missionários protestantes. Esse passeio ficaria incompleto se não fizéssemos uma escala no presente, que muitas vezes não se encontra tão aparente; momento do consumismo, da pós-modernidade, da ganância de uns diante do sofrimento de outros. Essa é a viagem de conhecimento que propomos a você, uma encursão não só ao mundo do passado mas também ao mundo que o cerca agora. Da sua disposição em nos acompanhar nessa jornada depende sua capacidade de conhecer. A informação exige pouco esforço, já o conhecimento exige uma boa dose de vontade.

---

2   Neste livro, como adotamos a Bíblia de Jerusalém (Bíblia, 2002) para transcrição dos versículos que servem de exemplo aos assuntos abordados, utilizamos o nome Yahweh para o Deus do Antigo Testamento. Contudo, nas citações diretas de outros autores, mantemos o original escolhido por eles, Jeová ou Javé, inclusive quando esses autores citam passagens da Bíblia. Trata-se, no entanto, do mesmo Deus.

A *relação* demonstra que entre diferentes fatos existe alguma coerência. Muitas vezes, aprendemos uma série de fatos, com datas e locais, mas não conseguimos perceber as relações que há entre eles. Cabe ao escritor estabelecer o maior número possível de conexões entre os fatos, mas o leitor não pode estar inerte diante delas. Você que lê este livro precisa ter a perspicácia de estabelecer novas relações ou reconhecer as já existentes, de modo a promover o nexo essencial para o aprendizado. Para traçar esses vínculos, será necessário fundamentar-se em seu sistema de crenças e em sua percepção de mundo. Elas são descobertas, pois não são mostradas de imediato; são também fruto de um relacionamento com o saber. Ouvimos, experimentamos, conhecemos e, por fim, relacionamos os acontecimentos. A disposição para investigar como os fatos estão ligados é a mesma para compreender que não sabemos tudo sobre todas as coisas. Podemos até saber muito sobre algumas, mas não tudo. Há sempre uma nova montanha a ser explorada, há sempre uma nova paisagem após a curva, um novo rio onde banhar-se e um novo mar a desbravar. Coragem é outro ponto essencial nesse processo, pois essa ação nem sempre nos leva a uma posição de conforto – primeiro passo em direção à ignorância. O desconforto criado pelo arriscar-se diante de novas conexões torna-se o caminho para atingirmos crescimento. Por isso, lançamos a você o desafio de sair da zona de conforto e arriscar-se no infinito mar do conhecimento, estabelecendo relações que lhe servirão de portos, não do tipo onde você permanecerá na quietude, mas de onde partirá para novas viagens; portos que se abrem para o novo e para um mundo de aventuras na história e nas perspectivas da Igreja.

A *formação* da Igreja é um processo contínuo, pois a instituição segue formando pessoas e sendo formada por elas; ela é parte da história que produz e recebe a influência do mundo. Por isso, a história da Igreja não termina, ela continua presente em cada pessoa que nela crê. Esta é a principal compreensão da palavra *formação* nesse contexto: cada membro forma a Igreja e é formado por ela. Não há como ser um mero espectador da vida da Igreja, cada pessoa é um personagem importante nessa história.

Pensando nessa viagem em busca do conhecimento e na relação que ele tem com a nossa formação, dividimos esta obra em seis capítulos. O Capítulo 1 dedicaremos à compreensão do primeiro agrupamento religioso cristão a chegar às Américas, os católicos apostólicos romanos. Pretendemos apresentar as relações políticas, econômicas e religiosas estabelecidas entre os católicos e as coroas portuguesa e espanhola no período colonial, bem como com as monarquias brasileiras.

No Capítulo 2, priorizaremos a análise da presença dos protestantes na América Latina. Esse grupo chegou ao Novo Mundo à época de duas invasões muito importantes para a história brasileira: a francesa e a holandesa. Ao abordarmos essas invasões, explicaremos como ocorreram as relações sociais desses agrupamentos cristãos com os negros e os indígenas presentes no Brasil.

No Capítulo 3, comentaremos sobre o período da República Velha, que vai desde a Revolução Republicana, em 15 de novembro de 1889, até a Revolução de 1930, que depôs o último presidente da República Velha, Washington Luís.

No Capítulo 4, trataremos de um período especial da história brasileira, a Era Vargas. Nessa fase a Igreja, tanto a Católica quanto a Protestante, buscou se estabelecer no cenário nacional fazendo uso de sua penetração social, política e econômica. Foi um período de oscilação entre um posicionamento conservador e outro de vanguarda. Sob a influência da Segunda Guerra Mundial, foi uma época marcada por desilusões, violência, nacionalismo, medo e busca de sentido na história. Enfim, foi um período rico para a história da Igreja.

Descreveremos no Capítulo 5, a relação entre a Igreja e a política durante a Guerra Fria – disputa que polarizou o mundo entre duas correntes ideológicas, o capitalismo e o comunismo, e marcou um duplo posicionamento da Igreja: ora se colocava ao lado dos movimentos socialistas, ora compreendia ser impossível a convivência entre a fé e o pensamento de esquerda. Tanto católicos como protestantes se posicionaram e geraram teologias diversas que enriqueceram a análise da Bíblia como livro sagrado.

No Capítulo 6, trataremos do período que se seguiu à Queda do muro de Berlim e à derrocada do comunismo nas décadas de 1980 e 1990. Emergiu dali um mundo que convive com as incertezas do futuro e a ausência de uma ideologia capaz de coadunar os esforços humanitários. Nesse mundo pós-moderno, todos se encontram sempre conectados e sozinhos ao mesmo tempo, demandado da religião responder a novas questões que se colocam constantemente à sua frente. As ideias apresentadas nesse capítulo não são, portanto, concludentes, visto que esse é uma realidade ainda alterada por todos aqueles que adentram nos ambientes da fé cristã.

A caminhada que propomos, em que você é sujeito e não mero espectador, será uma oportunidade de aprendizado sobre a Igreja que já existiu e sobre a que hoje existe. Será uma ocasião favorável para avaliar tentativas bem-sucedidas ou de resultado questionável. Será também a chance de você perceber que muita coisa ainda não foi feita e que são necessárias pessoas corajosas que acreditem no que não se vê. Será, enfim, uma caminhada que desenvolverá as suas possibilidades de conhecimento e que lhe apresentará novos desafios. Portanto, você é o nosso ilustre convidado nessa jornada de conhecimento. Prepare-se, equipe-se e venha conosco!

capítulo um

A Igreja Católica Romana nos períodos colonial e monárquico brasileiros

Neste capítulo, você será conduzido a uma viagem ao período em que a Igreja Católica latino-americana manteve-se sob as ordens de monarcas. Nessa incursão, será possível perceber as idas e vindas dessa Igreja em sua relação de mutualidade com as coroas portuguesa e hispânica, em seu início, e com a brasileira após o fim do período colonial. Serão alvos de nossas análises questões relativas: ao desembarque dos primeiros católicos no Brasil; ao padroado; ao contato com os indígenas e os escravizados negros e aos conflitos de poder entre as cúrias católicas e as coroas mencionadas.

Os protestantes foram excluídos deste primeiro capítulo por questões didáticas, pois a participação deles era marginal nessa época, embora importantes. As ações desse grupo serão analisadas de forma mais aprofundada no Capítulo 2.

1.1 Origem da ocupação católica

A origem da Igreja brasileira está intimamente ligada ao contexto da chegada do catolicismo em terras americanas. A América Latina foi colonizada principalmente pelos povos ibéricos. Portanto, para fazer uma leitura mais acurada sobre essa realidade, é preciso retrocedermos até à formação das monarquias ibéricas, ou seja, Portugal e Espanha. Muito poderíamos registrar sobre esses impérios, mas, nesta obra, a abordagem estará restrita à questão religiosa.

Portugal e Espanha eram conhecidos como reinos suevos e visigóticos no período imediatamente posterior à chegada dos bárbaros ao antigo território romano, por volta do século V. Como reinos, encontravam-se desestruturados por seguirem a tendência da Europa medieval, o feudalismo. Esse sistema de estruturação social tinha na ruralidade e na descentralização administrativa suas principais características, o que tornava cada feudo uma unidade produtiva autônoma e elevava a Igreja a um papel preponderante no nível local.

Em virtude da descentralização administrativa, na época havia o enfraquecimento do poder central e o fortalecimento do poder do senhor feudal. Esse enfraquecimento marcou as terras europeias entre os séculos V e XV, período chamado de *Idade Média*. O principal problema da Península Ibérica era a expansão do Império Árabe, que, após a conquista do Norte da África, uniu-se aos berberes e seguiu em direção à Europa através do Estreito de Gibraltar, em 711, apoderando-se rapidamente das terras hoje ocupadas por portugueses e espanhóis. A região ficou sob grande litígio desde 718, quando os remanescentes visigóticos do Reino de Astúrias começaram a sua reconquista, até 1492, com a tomada do Reino de Granada. Em especial, "A História de Portugal é parte do processo de expulsão dos descendentes dos árabes da Península Ibérica, sendo interpretada como uma 'reconquista cristã'" (Andrade, 2004, p. 94). Logo, o catolicismo que ali se desenvolveu foi caracterizado pelo viés da reconquista e plasmado pelo ideário cruzadístico iniciado pelo Papa Urbano durante o Concílio de Clermont, em 1095. Esse espírito também engendrou a chegada da religião católica a terras brasileiras e à América espanhola, uma vez que esta é uma religião marcadamente de combate e busca para ocupar espaços e implantar-se como a única capaz de representar a verdade cristã.

1.2 A Igreja Católica e o Estado Real

William César de Andrade (2004) menciona que as monarquias ibéricas adotaram uma conduta previamente defendida por Bernardo de Claraval, o conceito das **duas espadas** – a de Deus, por meio da Igreja, e a do Estado, por meio do exército. "Nesse sentido, a Igreja Católica torna-se uma 'força auxiliar' no processo de expansão marítima e implantação das colônias, legitimando as conquistas por meio do discurso e das propostas missionárias existentes em seu bojo" (Andrade, 2004, p. 92). A Igreja Católica deu, então, continuidade ao processo de colonização, indo até mesmo onde o império não conseguia ir.

Essa posição é reforçada por José de Arimatheia Custódio (2011), que, ao analisar as construções do período colonial, observa que, junto às fortificações das cidades, sempre se encontrava, em posição de destaque, um templo católico: "E assim como as fortalezas militares defenderiam o território de invasores gananciosos, as igrejas e conventos seriam uma fortaleza contra pagãos e hereges, e em defesa da fé católica" (Custódio, 2011, p. 193). Dessa forma, o padroado se estabelecia pela posição da Igreja Católica ao abençoar as conquistas, dando a elas uma tonalidade cruzadística contra a heresia protestante, apoiando a monarquia e garantindo a presença intensiva dos padres em todas as cidades plantadas pelos portugueses e espanhóis.

Além disso, a Igreja se responsabilizava pela formação educacional nas terras conquistadas. "No Brasil Colonial, *vis a vis* à modernidade europeia, estabeleceu-se a herança cultural ibérica através da Igreja Católica com a chegada da Ordem dos Jesuítas em 1549, que, sob a inspiração da Contrarreforma, foi responsável pela catequização indígena e pela educação da elite colonizadora" (Oliveira, 2004, p. 946). Dessa forma, ao se envolver com a formação educacional das elites, a Igreja Católica conseguia se manter no poder e no imaginário daqueles que formavam a opinião pública brasileira. No entanto, nas cidades, essa educação não era acessível aos pobres e aos marginalizados, com raras exceções. A Igreja Católica garantia, assim, uma "mesma língua, mesma religião, mesma visão de mundo, mesmo ideal de 'homem culto', ou seja, letrado e erudito" (Oliveira, 2004, p. 946). Essa educação apartava os protestantes do âmbito imperial, afastando as novas ideias que pasmavam a sociedade de então.

Os protestantes, nesse contexto, não tinham autorização para entrarem nestas terras. Suas três únicas tentativas de estabelecerem-se em terras brasileiras podem ser percebidas como frustradas. São elas: a invasão francesa, na Baía de Guanabara (1555-1567), a primeira invasão holandesa, em Salvador (1624-1625), e a segunda invasão holandesa, em Olinda (1630-1654). As igrejas fundadas pelos invasores desapareceram após suas expulsões.

Enquanto os protestantes tentavam abrir espaço empregando a força, os católicos usavam sua hegemonia para se estabelecerem em solo brasileiro. Quando da chegada dos primeiros missionários protestantes, no século XIX, os católicos já apresentavam em relação a eles, pelo menos, três séculos de dianteira, além do controle total do governo brasileiro mesmo após a independência. A preocupação com a ausência de liberdade religiosa marcou as posturas políticas dos primeiros protestantes em solo brasileiro. Diante disso, era comum sua aproximação com movimentos como a maçonaria, vista como uma maneira de conseguir a separação entre a Igreja e o Estado. A questão dos protestantes será mais profundamente tratada no próximo capítulo.

A relação entre a Igreja e o Estado nos períodos coloniais e monárquicos nunca foi essencialmente pacífica. Não raramente, houve conflitos que deixaram marcas importantes, como aquele em que os jesuítas missioneiros enfrentaram, ao lado dos indígenas, os portugueses e os espanhóis em um dos maiores massacres da história da América Latina – a Guerra Guaranítica, que dizimou toda a região antigamente dominada pelas Missões Jesuíticas no Brasil. Se, inicialmente, a aproximação entre a Igreja e o Estado no mundo ibérico rendeu momentos de mútuo apoio, mais tarde, foi fator gerador de confrontos.

De início, a Igreja apoiava o Estado e este, por sua vez, protegia a Igreja e seus interesses. Esses dois estamentos[1] sociais tornaram-se, então, a base de apoio um do outro num mundo em que eram sustentados pelo restante da população – os servos. Desde a Idade Média, essa era a realidade do povo europeu. Isso pode ser

---

1 Usamos a palavra *estamento* porque as classes sociais não permitiam qualquer mudança de condição: a pessoa pertencia à classe em que nascia. Um bom exemplo é o estamento superior, formado pelos clérigos, que apresentava uma distinção social advinda do nascimento do vocacionado. Dividia-se em baixo e alto clero. Ao alto clero pertenciam os vocacionados, advindos das classes superiores.

facilmente observado nas palavras de Adalberon (947-1030), bispo de Laon, na virada do século X para o XI, na França:

> O povo celeste está dividido em vários corpos e, segundo nos dizem, à sua imagem foi organizado o povo terrestre [...]. A ordem da nossa Igreja é denominada o reino dos céus e o próprio Deus nela estabelece ministros sem mácula [...]. Eles devem, portanto, rezar constantemente pelas misérias do povo e pelas suas [...].
>
> A sociedade dos fiéis não forma senão um corpo, mas o Estado abrange três. Pois a outra lei, a lei humana, distingue duas outras classes: nobres e servos, com efeito, não são regidos pelo mesmo estatuto. Dois personagens ocupam o primeiro nível; um é o rei, o outro, o imperador [...]. A outra classe é a dos servos: essa infeliz gentalha nada possui que não pene para conseguir. Quem poderia calcular as preocupações que absorvem os servos, suas longas caminhadas, seus duros trabalhos? Dinheiro, vestuário, alimentação, os servos fornecem tudo a todos; nenhum homem livre poderia subsistir sem os servos [...].
>
> A casa de Deus, que se crê uma, está, portanto, dividida em três: alguns oram, outros combatem e outros trabalham. Essas três partes que coexistem não estão sujeitas à disjunção, os serviços prestados por uma delas são a condição das obras das duas outras; cada uma, por seu turno, se encarrega de mitigar o conjunto. Assim, essa reunião tríplice não deixa, com isso, de ser uma; e foi dessa forma que a fé pôde triunfar e o mundo desfrutar da paz. (Adalberon, citado por Comby, 2001, p. 130)

Observe que os três estamentos são sustentados diretamente pelo estamento mais inferior. O trabalho cabe ao grupo mais simples da população. A sociedade apresentava, então, a Igreja na parte superior, a nobreza na parte central, e os servos, na inferior. Os dois estamentos superiores compunham cerca de 3% da população e consumiam cerca de 70% dos bens produzidos pela classe inferior.

Essa dominação encontrava sua máxima sustentação no medo que as pessoas tinham de ir para o inferno. Caso alguém tentasse romper com a estrutura estabelecida, era punido com a excomunhão e a morte. Dessa forma, a Igreja era o meio mais adequado para a nobreza manter o poder régio, a forma pela qual esse poder perpetuava-se.

1.3 A Igreja Católica e o escravismo

O escravismo foi sempre um fator de grande conflito no seio da Igreja brasileira, seja Católica, seja dos diversos grupos protestantes existentes em solo nacional. Por razões metodológicas, trataremos apenas da questão católica romana neste capítulo, por ser esta a religião predominante em terras latino-americanas entre os séculos XV e XIX.

Ao descobrirem o Brasil, os navegadores acreditaram ter chegado ao paraíso. Ao desembarcarem, os portugueses assombraram-se com o fato de que os indígenas viviam nus e não se envergonhavam disso. A descrição desse encontro está registrada na carta de Pero Vaz de Caminha ao rei de Portugal quando da chegada de Pedro Álvares Cabral ao Novo Mundo: "A feição deles é serem pardos, um tanto avermelhados, de bons rostos e bons narizes, bem feitos. Andam nus, sem cobertura alguma. Nem fazem mais caso de encobrir ou deixar de encobrir suas vergonhas do que de mostrar a cara. Acerca disso são de grande inocência" (Caminha, 1999, p. 35).

Essa visão é retratada por Sérgio Buarque de Holanda (1996) em seu livro *Visão do Paraíso*, no qual o autor relata como os portugueses acreditaram ter chegado ao paraíso, uma vez que sua cosmovisão católica os impulsionava a pensar tratar-se de um local sem dores e sem trabalho. Imaginavam que havia chegado o momento em que era suprimido todo o sofrer e toda a fadiga, em prol de uma vida de prazer e descanso. Os indígenas seriam descendentes de Adão, homem sem pecado. Essa visão começou a mudar quando os portugueses perceberam que aqueles indígenas não estavam totalmente dispostos a aceitar a mensagem católica.

O Frei Bartolomé de Las Casas tornou-se um intrépido defensor dos indígenas, vendo neles pessoas que deveriam receber todo o amor e todo o apoio dos cristãos que chegavam às Américas. Tentou defender o direito dos nativos contra o teólogo e filósofo Juan Ginés de Sepúlveda na Controvérsia de Valladolid, em que argumentou que os ameríndios eram seres humanos e que era dever da Igreja protegê-los e levá-los ao amor divino. O Frei Bartolomé de Las Casas foi derrotado e prevaleceram os interesses dos exploradores e a visão de uma guerra santa contra os inimigos de Deus. "Matar os inimigos da cristandade – e os índios quando resistiam à colonização/evangelização eram vistos como culpados de perseverar em seus erros – era um serviço prestado a Cristo e à sua Igreja" (Andrade, 2004, p. 98). Assim, escravizar indígenas (na América portuguesa) ou possuí-los sob *encomienda* (na América hispânica) eram ações totalmente justificáveis, pois os nativos eram vistos como infiéis.

A questão escravista negra seguiu outro trajeto. "Quanto à escravidão do negro, tanto no Brasil como nas demais colônias ibéricas houve pouco debate e/ou ações que visassem romper com seu cativeiro" (Andrade, 2004, p. 98-99). Na verdade, essa percepção é encontrada num dos sermões do Padre Antônio Vieira, em que o religioso afirma:

> *Algum grande mistério se encerra logo nesta transmigração, e mais se notarmos ser tão singularmente favorecida e assistida de Deus, que não havendo em todo o oceano navegação sem perigo e contrariedades de ventos, só a que tira de suas pátrias a estas gentes [os africanos] e as traz ao exercício do cativeiro, é sempre com vento à popa, e sem mudar a vela.* (Vieira, citado por Alencastro, 2000, p. 63)

Assim, Vieira justificava que Deus preparava aquela gente para que, mesmo cativa, assim como os judeus na Babilônia ou no Egito, pudesse deslumbrar o conhecimento de Deus. Outras justificativas para a escravidão negra indicavam a possibilidade de os escravizados viverem em uma terra melhor do que a África, ou seja, a América. Sabe-se que essas justificativas buscavam ir ao encontro da lógica mercantilista adotada por todos os povos que tiveram colônias na América.

1.4 A Igreja Católica e o judaísmo

Não é de se admirar que a primeira sinagoga judaica em solo brasileiro encontre-se em Pernambuco, inaugurada exatamente sob o domínio holandês, sob a égide da Igreja Reformada Holandesa.

A questão judaica tornou-se importante durante a Igreja Medieval. A perseguição sistemática aos judeus ocorreu após a invasão da península ibérica pelos holandeses, embora tenham ocorrido perseguições veladas durante todo o medievo. A salvação dos hebreus era vista como quase impossível pela maioria dos católicos medievais. Na realidade, desde aquela época plantavam-se as sementes daquilo que ocorreria posteriormente com o massacre sistemático dos judeus em solo alemão.

Os costumes judaicos eram vistos como uma afronta à ação católica, pois, continuavam fiéis aos ensinamentos veterotestamentários. Vários israelitas perderam a vida nas salas escuras do Tribunal do Santo Ofício, durante a **Santa Inquisição**. Qualquer indício de ter ou portar objetos cúlticos judaicos era motivo para prisão. Não raramente, as prisões acabavam incluindo a ingestão de carne de porco como forma de impedir o suplício.

A questão judaica aproxima-se dos temas aqui tratados pois, em 1492, os seguidores da tradição hebreia foram expulsos da Espanha pelo Rei Fernando II de Aragão e pela Rainha Isabel I de Castela. A saída natural para esse grupo de religiosos era Portugal, então inimigo declarado da Espanha. D. João I viu nesses foragidos a possibilidade de agregar valores financeiros e intelectuais a Portugal, e eles foram bem aceitos em áreas como finanças, tecnologia e produção literária. Foi, contudo, na área do comércio e da ourivesaria que eles mais se destacaram.

A aparente paz existente em solo português sofreu uma ruptura com a aproximação entre as monarquias lusa e espanhola quando do casamento de D. Manuel e Isabel de Aragão. Nessa aliança, a religião judaica e as práticas islâmicas dos mouros passaram a ser bastante perseguidas em solo português, o que obrigou grande parte desses povos a se mudar. Esse foi um equívoco que custou a saúde do tesouro português, pois os judeus levaram consigo suas finanças, que eram essenciais à sobrevivência lusitana. Outro infeliz acontecimento foi o Massacre de Lisboa, em 1506, uma revolta popular inflada por monges beneditinos que levou à morte centenas de judeus, inclusive muitos que já haviam se convertido ao catolicismo, acentuando consideravelmente o clima de antissemitismo em Portugal. As conversões ocorridas traziam a descaracterização da própria família judaica, obrigando os convertidos a adotar nomes que não fossem originalmente judaicos, ou seja, tornando-os

cristãos novos. Não raramente, eles assumiram nomes de animais ou de árvores.

Síntese

Sobre a Igreja Católica Romana no período colonial e monárquico, tratamos neste capítulo dos seguintes tópicos:

- A origem do catolicismo que chegou ao Brasil é cruzadística.
- O catolicismo era uma religião combativa que desejava a hegemonia nas terras recém-descobertas.
- Durante a ocupação do território brasileiro, a Igreja Católica Romana e a Coroa portuguesa estiveram interligadas, aplicando o conceito das **duas espadas**.
- A relação entre a Igreja e o escravismo indígena foi marcadamente conflituosa. Os párocos tinham grande dificuldade de definir os indígenas, uma vez que a teologia cristã continha traços fortemente medievais.
- No período colonial, os judeus foram perseguidos pela Igreja.

Indicação cultural

A MISSÃO. Direção: Roland Joffé. Reino Unido: Warner Bros., 1986. 126 min.

Este filme trata do projeto jesuítico de evangelizar os indígenas americanos. Os jesuítas conseguiram plantar na Região Sul do Brasil várias cidades chamadas de *reduções*. Após a União Ibérica, a região passou por guerras que destruíram as reduções e, por fim, um grande contingente de indígenas foi aprisionado.

Atividades de autoavaliação

Questões para revisão

1. É correto afirmar que a ocupação do solo brasileiro pela Igreja Católica Romana no período colonial foi:

   a) dificultada pela necessidade de diálogo com os agrupamentos indígenas nacionais, o que se deve, principalmente, à crença na importância do diálogo inter-religioso.

   b) dificultada pela disputa com os agrupamentos protestantes que chegaram ao solo brasileiro com total apoio da Coroa portuguesa.

   c) facilitada pelo fato de a Coroa portuguesa compreender a Igreja Católica como uma força auxiliar na conquista de terras, o que favoreceu um ideal cruzadístico dos primeiros padres.

   d) dificultada pelo fato de a Igreja Católica ser vista como um risco para a administração portuguesa, pois os reis buscavam o ideal de secularização da administração pública, típica dos monarcas lusitanos.

2. Assinale a única alternativa que se refere ao padroado no Brasil colonial:

   a) Era estabelecido pela posição da Igreja Católica em abençoar as conquistas da Coroa portuguesa dando a elas uma tonalidade cruzadística contra a heresia protestante, apoiando a monarquia e garantindo a presença intensiva dos padres em todas as cidades plantadas.

   b) Foi um movimento no qual os padres ganharam muito poder em virtude da implantação do Tribunal do Santo Ofício, da Santa Inquisição, em todas as cidades brasileiras.

c) Era uma forma de fortalecer o poder papal diante da expansão dos domínios das igrejas e do fortalecimento dos padres locais. Dessa forma, os padres passaram a fazer parte da política secular e de todas as instituições de ensino e pesquisa presentes no Império Português.

d) Não ocorreu no Brasil Colônia. O que acontecia era uma situação de subserviência da Igreja Católica aos agrupamentos econômicos presentes em solo brasileiro, em especial os que atuavam no plantio da cana-de-açúcar.

3. A etnia original dos cristãos novos era:
   a) alemã.
   b) grega.
   c) egípcia.
   d) judaica.
   e) portuguesa.

4. Foi um dos mais destacados freis católicos a defender os indígenas nas Américas:
   a) Bartolomé de Las Casas.
   b) Juan Ginés de Sepúlveda.
   c) Antônio Vieira.
   d) Diogo Antônio Feijó.
   e) Cícero Romão Batista.

5. Assinale V nas assertivas verdadeiras e F nas falsas:
   ( ) As relações entre a Igreja e o Estado no período colonial brasileiro nem sempre foram pacíficas.
   ( ) A Igreja Católica colonial não via nenhum problema na escravidão indígena, mas reprovava a escravidão negra.

( ) Os navegadores portugueses, ao descobrirem o Brasil, acreditaram ter chegado ao paraíso, uma vez que os indígenas estavam nus e não se envergonhavam disso.

( ) Os judeus sempre foram bem recebidos nas terras portuguesas, nas quais nunca sofreram qualquer tipo de perseguição religiosa.

( ) Os portugueses imaginavam o Brasil como uma terra sem males e sem trabalho.

Agora, assinale a alternativa que apresenta a sequência correta:

a) F, V, F, V, F.
b) V, F, V, F, V.
c) V, V, V, F, V.
d) V, F, V, F, F.

Atividades de aprendizagem

Questões para reflexão

1. Após ter lido o Capítulo 1 e assistido ao filme *A Missão*, analise a situação dos indígenas no mundo contemporâneo. Ainda ocorrem crimes contra eles? De alguma forma o cidadão contemporâneo tem buscado melhorar as condições de vida desses grupos? Ainda existem preconceitos contra eles?

2. Uma importante questão tratada neste capítulo é a do padroado. Releia o tema, pesquise mais sobre o assunto e liste as características desse sistema. Ainda existem traços dessa forma de relação entre a Igreja e o Estado? Em caso positivo, cite esses traços.

3. Pesquise mais sobre as perseguições que os judeus sofreram na história desde a descoberta do Brasil. Agora analise como as religiões percebem este grupo étnico na contemporaneidade. Existem religiões que ainda perseguem os judeus? Eles ainda enfrentam algum tipo de conflito para viver na sociedade contemporânea? Observando a pesquisa feita, essa etnia já superou as perseguições do passado? Componha um texto com essas reflexões.

Atividade aplicada: prática

1. Em 16 de fevereiro de 2016, o Papa Francisco visitou a região de Chiapas, no sul do México, ocasião em que se reuniu com os indígenas locais. Procure por notícias dessa visita, nas revistas e nos jornais eletrônicos, e responda às seguintes questões:
   a) Qual é o posicionamento do Papa quanto à exclusão indígena?
   b) Qual é o impacto político de seu discurso?
   c) Pela primeira vez, um pontífice participou de orações nos três principais idiomas da região de Chiapas, o que era proibido até então. Cite pelo menos uma razão que levou o Papa Francisco a tomar essa atitude.

capítulo dois

A Igreja Protestante nos períodos colonial e monárquico brasileiros

Costa (2007) destaca que, para compreender a presença do protestantismo no Brasil, é necessário levar em conta a carência de mão de obra especializada e o encerramento da mão de obra escrava no país, pois a maior parte dos movimentos protestantes chegaram a terras brasileiras com os imigrantes europeus e americanos, no século XIX. Claro que essa visão é importante, mas a compreensão desse movimento religioso demanda uma reflexão um pouco mais profunda, pois exige o entendimento dos contextos político e filosófico mundiais do século XIX e suas implicações para o Brasil. Antes de abordarmos esses temas, porém, faremos uma breve análise das invasões estrangeiras patrocinadas pelos protestantes durante o Brasil colonial.

2.1 A invasão francesa

Villegagnon é um nome pouco estudado em solo brasileiro e, quando é lembrado, sua história é contada sempre pelos olhos do vencedor, imputando-lhe uma postura obscurecida e até louca.

Líder da frota francesa que invadiu a Baía da Guanabara no ano de 1555, Villegagnon tinha uma visão bastante utópica sobre essa invasão, cujo resultado, para ele, seria uma terra de tolerância e de paz entre os diversos cristãos. Ele fracassou nesse intento, mas deixou seu nome impresso nas páginas da história do Brasil.

No século XVI, havia grande interesse dos franceses pelas terras brasileiras, seja pela possibilidade de navegação em direção à porção sul da África, seja pela necessidade de contornar o continente americano. Um produto, em especial, interessava aos franceses: o pau-brasil, madeira de intensa coloração rubra que permitia tingir de vermelho tecidos (muito apreciados e caros na época) e ainda fazer móveis muito resistentes. O produto ganhou rapidamente os mercados europeus em razão de sua versatilidade e de seu preço, pois era trocado com os indígenas por objetos de pequeno valor.

> *Já sabemos que o nome Brasil não deriva da palavra portuguesa "brasa" ou "braseiro", como outrora os professores ensinavam às crianças. Sua verdadeira origem é o termo celta brésil, que significa "vermelho".*
>
> *Os franceses da Normandia, que logo após o Descobrimento se tornaram os primeiros traficantes de pau-brasil para a Europa, batizaram com esse nome a preciosa madeira vermelha que aqui vinham buscar.*
>
> *A palavra brésil difundiu-se a tal ponto que, segundo o historiador João Ribeiro, "Brasil" na verdade é um galicismo: o primeiro galicismo da língua "brasileira".* (Elmalan, 2008, p. 250)

Assim, os franceses tornaram-se grandes conhecidos dos indígenas brasileiros, visto que adquiriam deles a madeira, sendo, até mesmo, mais bem vistos pelos nativos do que os portugueses, que os escravizavam. Logo, quando da invasão, na Ilha de Villegagnon, na Baía de Guanabara, os indígenas forneceram apoio, água e proteção para a implantação da França Antártica. "Ali aplainaram o terreno, levantaram casas, fizeram praças, uma casa de oração e um refeitório comum. Para defendê-la construíram um forte, que recebeu o nome do Almirante e chefe da Marinha francesa, Coligny" (Bicalho, 2008, p. 32). Já pela disposição da cidade, ficou claro que precisariam enfrentar os lusitanos, mas seu principal objetivo era o estabelecimento de um local protegido para que protestantes de várias vertentes pudessem viver.

Contudo, essa convivência não foi totalmente fácil, pois entre os colonizadores encontravam-se tanto calvinistas como arminianos, assim como alguns simpatizantes dos movimentos católicos da época. Também na Europa vivia-se uma época difícil e a maior prova disso foi a Noite de São Bartolomeu, ocorrida em Paris, em 1572, quando um imenso massacre de protestantes, chamados de *huguenotes*, levou a uma completa ruptura da França com os movimentos protestantes. A insegurança era grande e a intolerância de ambas as partes era marcante, o que forneceu motivos para que um grupo de franceses motivados por ideais iluministas de *ordem e progresso* buscasse um novo lugar para morar. "Na utopia de More, todos cumprem a sua parte para que a ilha tenha superabundância de produção. Ainda no tocante à religião, os sacerdotes utopianos tem verdadeira autoridade espiritual e o prazer é tido como um grande bem, que traz a felicidade" (Elmalan, 2008, p. 256).

Tendo como base essa utopia, Villegagnon começou sua empreitada em terras brasileiras implantando uma civilização que respeitava o indígena, mesmo quando este fazia seus rituais antropofágicos. Os tamoios lhe deram apoio e receberam em contrapartida o suporte dos franceses em suas guerras intertribais, o que ocasionou a antipatia dos povos indígenas contra os quais lutavam. Como corsários, os franceses agiam de modo a contestar a hegemonia dos portugueses baseada no Tratado de Tordesilhas. Sua experiência com colonização ainda era insipiente, e sua ação militar era mais característica da pilhagem do que da fortificação e da implantação de colônias permanentes. A própria França, abalada por guerras internas e externas, não tinha forças para manter um projeto como a França Antártica por um longo período.

A questão religiosa foi uma grande barreira enfrentada por Villegagnon. No seu grupo, além de calvinistas puritanos, havia luteranos e alguns católicos que desejavam uma reforma na Igreja. Essa mistura logo se tornou explosiva, pois foi no encontro com o selvagem nu que essas visões religiosas depararam-se com seu primeiro ponto de discórdia. Católicos e luteranos viam com bons olhos os indígenas, sendo permitido até mesmo o casamento com os nativos. Os puritanos, ramo mais radical do calvinismo, consideravam essa prática uma perda da identidade religiosa do grupo e a abertura para a ação de Satanás. Condenações de ambas as partes eram uma prática comum. "Tensas, as relações entre católicos e calvinistas desembocam num violento enfrentamento doutrinário a respeito da eucaristia. Durante um culto celebrado no dia da Pentecostal de 1557, o pastor Richer provoca um escândalo" (Elmalan, 2008, p. 264). Nesse culto, o pastor chamou os católicos de hereges, comparando a ação deles com a dos grandes pecadores do passado. Desse conflito surgiu a Henriville na praia do Flamengo, cidade assim batizada como homenagem ao rei francês, Herinque II. Dessa divisão, depreende-se que a utopia estava fadada ao insucesso. Os pregadores calvinistas puritanos tinham conseguido despertar as guerras inter-religiosas europeias em solo brasileiro.

A gota-d'água foi quando, em 1558, os pregadores puritanos invadiram uma missa celebrada por Villegagnon e acabaram expulsos do Brasil por ele. Durante a viagem de volta à terra natal, decidiram retornar ao Brasil e acabaram executados por seus compatriotas, por traição. Foi o fim da utopia cristã e um momento de grande questionamento por parte dos indígenas, que viram o espetáculo dantesco realizado sob as bênçãos de cristãos convictos. No mesmo ano, o comandante Villegagnon viajou à França para pedir ajuda na manutenção da baía de Guanabara. Nunca mais voltou e foi destituído de seu cargo. Era o início do ocaso da França Antártica, que caiu em 15 de março de 1560, e os franceses foram completamente expulsos pelos portugueses em 1567.

2.2 As invasões holandesas

As invasões holandesas estão intimamente ligadas a questões políticas entre Portugal e Espanha. Quando os lusitanos decidiram-se pela implantação de um sistema colonial no Brasil, e não apenas de feitorias raramente visitadas, precisava encontrar um sistema agrícola capaz de ocupar vastas regiões, com uma lucratividade grande e com baixíssimo investimento. A cana-de-açúcar foi a cultura escolhida por três razões: o solo de massapé era ideal para a plantação; essa cultura tende a ocupar grandes regiões; o açúcar tinha alta lucratividade em solo europeu. Na época, o açúcar era um produto muito caro, pois ainda era relativamente raro, sendo usado como forma de distinção social por diferenciar seu usuário daqueles que não tinham condição de adquiri-lo.

Devemos, contudo, lembrar que Portugal não possuía muitos recursos e havia a necessidade de transporte e comercialização do açúcar aqui produzido. A escolha natural recaiu sobre a nação que detinha uma excelente frota mercante e a primeira bolsa de mercadorias europeia, a Holanda.

Os holandeses estavam bastante fortalecidos economicamente no final da Idade Média, pois contavam com uma terra fértil e a facilidade de pescar grande quantidade de peixes, que eram salgados e vendidos a uma Europa carente de proteínas. Rapidamente, foi forjada a aliança entre portugueses e holandeses visando popularizar o consumo de açúcar entre os europeus. Era um excelente negócio para Portugal, pois garantia a ocupação do território brasileiro ao mesmo tempo que a Holanda investiria recursos na produção, no transporte e na venda de açúcar. Aos lusitanos cabiam apenas os lucros obtidos pelo açúcar, que, no momento, era produzido quase exclusivamente pelo Brasil. Os holandeses também auferiam grandes lucros por ter a exclusividade de transporte e de comércio do produto.

Essa aliança começou a apresentar problemas com a União Ibérica. Com a derrota e a morte do rei português, D. Sebastião, na batalha de Alcácer-Quibir, em 1578, o trono lusitano passou por uma crise sucessória que ditou o fim da dinastia de Avis, governante até aquele momento, do vasto território que controlava. O sucessor de D. Sebastião era seu tio, o Cardeal Henrique, que faleceu, em 31 de janeiro de 1580 sem deixar sucessor direto. A fortíssima dinastia dos Habsburgos soube aproveitar a vacância do cargo e tomou o poder em Portugal após promover grande carnificina em guerras extremante caras e cruéis. Com a tomada do poder, teve início uma fase na qual todas as terras portuguesas passaram a pertencer à Espanha. Esta, em especial, travava uma guerra contra os Orange da Holanda, em busca de unificar aquelas terras ao Império Espanhol. Uma de suas ações iniciais foi a proibição do comércio de açúcar por parte dos holandeses. Dessa forma, a os espanhóis buscavam sufocar o inimigo iniciando pela sua economia. Foi nesse momento que ocorreram as invasões holandesas ao Brasil, como forma de restabelecer o comércio do açúcar para a bolsa de Amsterdã.

A primeira invasão holandesa se deu em 1624, em Salvador, capital da Colônia, e resultou em um grande fiasco, com a expulsão dos holandeses em menos de um ano. A saída, contudo, não resultou em um grande prejuízo aos invasores, pois eles acabaram encontrando e saqueando uma frota espanhola carregada de ouro que saía da América Central. Com o dinheiro, teve início a segunda invasão holandesa, esta sim de grande envergadura.

Com uma nova esquadra, composta por 64 navios e 3,8 mil homens, a Holanda investiu sobre a Capitania de Pernambuco, onde, em fevereiro de 1630, conquistou Olinda e, posteriormente, Recife. Não tardou a chegada de reforços: cerca de 6 mil homens. Esse processo somente chegou ao fim em 26 de janeiro de 1654, com a derrota do exército holandês. Mesmo assim, Portugal ressarciu os prejuízos dos invasores, que acabaram saindo com grande lucro.

Quanto ao aspecto cristão das invasões, precisamos esclarecer que se tratava de uma nação protestante em um mundo marcado pelas guerras religiosas insufladas por católicos e protestantes. O maior estudioso desse evento, que, inclusive, teve acesso aos arquivos da Companhia das Índias Ocidentais, é o holandês Frans Leonard Schalkwijk. O estudo dessas fontes é bastante desafiador não apenas por estarem em solo holandês mas também por terem sido escritas em neerlandês arcaico, o que limita seu estudo àqueles que dominam o idioma. Assim, Schalkwijk será o principal autor que estudaremos.

2.2.1 As invasões nordestinas

Os holandeses tinham uma posição bastante diferente daquela advogada pelas nações europeias no tocante à religião. Essa visão estava relacionada à história da ocupação dos Países Baixos – para lá fluíram grandes contingentes de pessoas que haviam passado por dificuldades, o que as tornou fortemente inclinadas a aceitar o diferente, em vez de segregá-lo. Dessa forma, a invasão holandesa no Brasil também refletiu essa atitude inclusiva, conseguindo, assim, permanecer por muitos anos no poder em uma das regiões mais importantes da Colônia.

Em primeiro plano, essa atitude se manifestou na tolerância dos holandeses perante a religião dos outros presentes em solo brasileiro, especialmente quando possibilitaram a instalação, em Recife, da primeira sinagoga em solo brasileiro, a Kahal Zur Israel, que funcionou entre 1637 e 1645. Os judeus sempre foram bem aceitos pelos neerlandeses e até mesmo fugiram com eles após a guerra de retomada pelos portugueses, indo alojar-se na Ilha de Manhattan, comprada à época pelos holandeses e chamada de *Nova Amsterdã*. Infelizmente, com a retomada dos portugueses, a sinagoga acabou sendo fechada e os judeus que ficaram no Brasil foram obrigados a se converterem para não serem torturados nos tribunais da Inquisição.

Outra peculiaridade da invasão refere-se ao tratamento dado aos indígenas. A primeira tradução do Novo Testamento para a língua dos tapuias, ou *brasilianos*, como eram chamados por esse grupo europeu, foi publicada durante o período da invasão. Os holandeses eram especialmente contrários à escravidão indígena, atividade muito comum entre os portugueses. "A liberdade dos 'brasilianos' seria um dos capítulos fundamentais da 'Constituição' do Brasil holandês. Os 'regulamentos' de 1629, 1636 e 1645 não deixam dúvidas sobre isso" (Schalkwijk, 2004, p. 211). Logo após chegarem ao solo brasileiro, os holandeses passaram a libertar todos os indígenas ainda cativos, fazendo-os retornar para suas aldeias. Também empreenderam uma importante obra de evangelização com pastores remunerados tanto pela Companhia das Índias Ocidentais, a empresa holandesa neerlandesa responsável pela invasão, quanto pelo próprio governo holandês. "Quanto ao governo, não há dúvida de que, em si, procurava a evangelização dos índios para tê-los também como melhores súditos e soldados" (Schalkwijk, 2004, p. 214). Com a Igreja, os protestantes holandeses levavam a educação a seus compatriotas, aos indígenas e até mesmo aos portugueses. Várias escolas foram inauguradas no Nordeste; a maioria delas foi completamente destruída após a retomada portuguesa. Muitos nativos também se tornaram obreiros entre os tapuias, e foi instituído um sínodo eclesiástico nas terras brasileiras. Infelizmente, a perseguição sistemática do catolicismo português não permitiu que todo esse trabalho deixasse uma semente profícua em solo brasileiro, e os indígenas foram massacrados ou escravizados e proibidos de ler a Bíblia na língua tapuia. Como consequência, o povo nativo foi quase extinto na região.

Quanto aos portugueses localizados naquela área durante o período do domínio holandês, era tolerado o culto católico entre eles, embora os padres tivessem perdido muitas de suas regalias por não terem mais um monarca que os sustentasse.

2.2.2 A Igreja holandesa e os negros

Diferentemente dos indígenas, os negros não despertavam a simpatia dos holandeses. Durante a presença neerlandesa em solo brasileiro, muitos africanos foram trazidos de sua terra natal para trabalhar na plantação da cana e no fabrico de açúcar. Eles compreendiam a necessidade de evangelizar os negros, mas muito pouco foi feito nesse sentido, seja por necessidade de mão de obra, seja para evitar conflito com os portugueses que cultivavam as terras. Alguns escravos urbanos se converteram e foram batizados. Contudo, a libertação dos escravos nunca foi cogitada, pois a escravidão era considerada natural para aqueles povos. Entretanto, aparentemente houve uma redução dos maus-tratos antes observados. Somente as insurreições eram gravemente punidas, os pequenos problemas muitas vezes eram tratados apenas no âmbito privado, ao contrário do que era observado nos costumes portugueses de aplicar castigos corporais públicos.

No mais, nas mãos da Companhia das Índias Ocidentais, o tráfico negro ampliou-se. Esses escravos eram transportados não apenas para o Brasil, mas também para o Caribe e para a então colônia inglesa da Virgínia, na América do Norte. Pernambuco tornou-se, então, um entreposto lucrativo para a redistribuição dos escravos comprados em solo africano para toda a América.

2.3 Chegada oficial dos protestantes ao Brasil

A chegada dos protestantes ao Brasil seguiu a lógica do mercado e da aproximação entre as Coroas Inglesa e Portuguesa. Portugal mantinha uma forte aliança com a Inglaterra desde a Idade Média. Cabe lembrarmos que foi com a Guerra da Restauração – quando os portugueses libertaram-se da União Ibérica –, que esse vínculo se fortaleceu. Desde 1642, os navios ingleses gozavam de livre acesso aos portos brasileiros, em especial ao Rio de Janeiro. A partir de 1807, com a invasão francesa a Portugal, a ligação com a Inglaterra tornou-se ainda mais estreita. Com a necessidade de fugir das tropas napoleônicas, que se aproximavam, D. João VI fez uso da marinha inglesa como proteção e transporte para o Brasil. Ao chegar ao Rio de Janeiro, decretou a abertura dos portos às nações amigas – leia-se Inglaterra.

Não demorou para que os comerciantes ingleses se estabelecessem em solo brasileiro e exigissem a presença da Igreja Anglicana. A pressão resultou na assinatura de um tratado, em 1810, que estabelecia uma tolerância à construção de casas de culto protestante, desde que estas "não tivessem a aparência de igrejas. O uso da cruz na parte exterior dos prédios foi expressamente proibido" (Cairns, 2008, p. 407). Essa proibição acabou sendo observada pelos protestantes mesmo após a liberação, tornando-se uma tradição evangélica, porém seu surgimento, segundo Earle Cairns (2008), data do século XIX. Nesse período, a prática de angariar fiéis da Igreja Católica era expressamente proibida. A inauguração do primeiro templo protestante data de 1819.

Outras denominações protestantes chegaram acompanhadas dos imigrantes. Com a abolição da escravatura percebeu-se a necessidade de importação de mão de obra estrangeira para o Brasil. Alemães, italianos e eslavos, entre outros povos, trouxeram na bagagem suas convicções religiosas, o que resultou na abertura de várias igrejas étnicas nas áreas de imigração. Posteriormente, com a Guerra da Secessão nos Estados Unidos, norte-americanos chegaram à região de Santa Bárbara, em São Paulo. Porém as igrejas étnicas pouco conseguiram fazer para ampliar sua fé.

Os missionários protestantes pioneiros indicados por Cairns (2008) como Robert Reio Kalley, um congregacional; Willian Buck Bagby, um batista; e Ashbel Green Simonton, um presbiteriano. Esses foram os pioneiros a se empenhar na aventura da evangelização nas terras brasileiras.

Kalley e sua esposa foram responsáveis pela pregação do evangelho na Ilha da Madeira, de onde se transferiram para o Rio de Janeiro acompanhando portugueses que se refugiavam no Brasil após a cessão de terras no Oriente para a Coroa Britânica.

Sua chegada em pleno período imperial trouxe grande dificuldade a seu ministério, pois a cidade do Rio de Janeiro era a capital do Brasil e sede principal da Igreja Católica. Apesar disso, Cairns (2008, p. 415) indica que "O dr. Kalley encontrava grandes plateias sempre que fazia as suas palestras. Seus artigos na imprensa secular eram lidos pela elite e os argumentos ali apresentados repetidos nos debates parlamentares sobre as matérias discutidas". Antes de sua partida, conseguiu implantar uma igreja brasileira autossuficiente, algo bastante difícil para a época.

Bagby, por sua vez, trouxe consigo a mensagem cristã conforme as convicções batistas. Após passar por Santa Bárbara d'Oeste (SP), em 1881, preferiu radicar-se em Salvador, então capital econômica e eclesiástica brasileira. Era uma época em que o principal produto brasileiro, o açúcar, já começava a perder fôlego para o café, mas a cidade do Recife ainda respirava um ar metropolitano. O primeiro brasileiro batizado foi Antônio Teixeira de Albuquerque, ex-padre que foi convertido ao protestantismo por meio da leitura da bíblia. Antônio Teixeira de Albuquerque, Bagby e Zachariah Taylor fundaram a primeira Igreja Batista do Brasil, em Salvador.

Bagby é lembrado por seu ideal missionário que o fez viajar o Brasil pregando sua verdade. "Por volta de 1888, havia oito igrejas [batistas] em seis diferentes estados com um total de 212 membros" (Cairns, 2008, p. 417). Graças às batalhas travadas por Kalley quanto à legalidade das igrejas Protestantes no Brasil, os batistas tiveram menos dificuldade para expandir a sua fé.

Simonton foi enviado ao Brasil pela Assembleia Geral da Igreja Presbiteriana dos Estados Unidos para explorar o país. Ele buscava contato com a colônia americana no Rio de Janeiro, o que não ocorreu a contento. Organizou a primeira Igreja Presbiteriana no Rio de Janeiro em 1862. O trabalho expandiu em direção a São Paulo e a Brotas (SP).

A verdadeira expansão do trabalho presbiteriano, no entanto, somente se efetivou com a chegada do Reverendo John Boyle a Uberaba (MG). Seu método de trabalho era a distribuição de bíblias, o que garantiu o nascimento de núcleos presbiterianos no interior do Brasil, florescendo, assim, a denominação presbiteriana em todo o território nacional.

2.4 A questão escravista

Os protestantes pouco manifestavam sobre a escravidão na América Latina antes da implantação de suas Igrejas no século XIX. Quanto à América do Norte, é bom lembrarmos que a questão escravista era interpreteada como natural tanto por protestantes quanto por católicos e que ela foi mote de uma importante guerra civil nos Estados Unidos entre o norte abolicionista e o sul escravagista, a Guerra da Secessão. Aliás, esse é um episódio de relevo para compreendermos a chegada dos protestantes ao Brasil. Especialmente os batistas têm nesse momento o marco inicial de sua atuação em solo brasileiro, na Colônia de Santa Bárbara. Os imigrantes norte-americanos eram de origem sulista, portanto, da parte favorável à escravatura. Muito se tem falado sobre essa migração, mas sabe-se que os norte-americanos vieram ao Brasil fugindo da Guerra da Secessão.

John Cowart Dawsey, em seu artigo "O espelho americano: americanos para brasileiro ver e brazilians for americans to see", identifica esse grupo com os Confederados, os quais, em solo brasileiro não tornaram públicas suas posições sobre escravatura, mas possuíam escravos e mantinham a distinção entre seus cemitérios e os dos servos (Dawsey, 1994). Essa questão levanta um ponto fundamental: não havia nesse grupo uma atitude abolicionista, pelo contrário, os imigrantes apropriaram-se do comportamento brasileiro da época. A única ressalva é no que diz respeito ao posicionamento republicano dos Confederados, que não concordavam com a união entre a Igreja e o Estado no Brasil nem com a monarquia como instituição de governo. Por outro lado, demonstravam grande simpatia e respeito pelos indígenas, principalmente quando estes se encontravam miscigenados ao homem branco, na figura do caboclo.

Outra situação que devemos salientar é a presença, ainda que por curto período de tempo, dos holandeses no Nordeste no século XVII. Nessa ocupação, já havia uma grande aproximação com os indígenas, mas a escravidão negra era marcada com uma completa leniência. Aparentemente, o problema escravista só começou a ocupar a mente dos protestantes latino-americanos com a ação dos missionários ingleses, que eram abolicionistas. Cabe ressaltarmos as importantes contribuições dos missionários anglicanos e da Igreja Evangélica Fluminense, que, corajosamente, defendiam os embargos e as pressões feitas pela marinha inglesa. No caso inglês, esse assunto encontrava-se definido desde a abolição da escravatura, assinada em 1807, fato reforçado pela promulgação da Bill Alberdeen, em 1845, lei britânica que autorizava a tomada de navios negreiros pelos ingleses em qualquer parte do mundo. Embora os brasileiros criticassem posições inglesas, os pastores anglicanos sempre as apoiaram, tendo em vista a abolição da escravatura em solo brasileiro. Outros grupos protestantes que aqui aportaram nem sempre seguiram essa posição e, a fim de evitar conflito com o governo brasileiro, preferiram omitir-se.

Síntese

Neste capítulo, analisamos a chegada dos protestantes ao solo brasileiro e observamos que ela obedeceu a duas fases resumidas no Quadro 1.1:

Quadro 1.1 – Fases da chegada dos protestantes ao Brasil

	Invasão		Legalmente
Grupo	Franceses	Holandeses	• Imigrantes e comerciantes europeus. • Missões protestantes inglesas e norte-americanas.
Período	1555	1624-1625 (Salvador); 1630-1654 (Recife e Olinda)	Séculos XVIII e XIX
Local	Baia de Guanabara (RJ)	Nordeste brasileiro (Salvador e Recife)	Sul, Sudeste, Nordeste, nessa ordem
Grupos religiosos	Calvinistas	Igreja Reformada Holandesa	• Inicialmente os anglicanos. • Posteriormente os metodistas, batistas, presbiterianos e luteranos.
Posicionamento quanto à escravidão negra	Sem posicionamento	Favoráveis e adeptos.	Contrários

Indicações culturais

VERMELHO BRASIL. Direção: Sylvain Archambault. Brasil; Canadá; França; Portugal: H2O, 2014. 90 min.

O filme trata da expedição francesa de Villegagnon na Baía de Guanabara, por volta de 1550.

BRASIL DOS HOLANDESES. Direção: Paula Saldanha; Roberto Werneck. Brasil: TV Brasil, 2012. 25 min. Série Expedições. Disponível em: <https://www.youtube.com/watch?v=KBjAKZlMBOk>. Acesso em: 14 jul. 2017.

Esse episódio da Série Expedições retrata um período pouco estudado da história do Brasil, marcado pela chegada dos holandeses, sob o comando de Maurício de Nassau, na região do nordeste brasileiro.

Atividades de autoavaliação

Questões para revisão

1. Sobre as invasões protestantes no Brasil, analise as afirmativas a seguir:
   I) Os franceses invadiram o Nordeste, pois essa era a região mais rica na época do Brasil Colônia.
   II) Villegagnon tinha uma visão bastante utópica da invasão. Imaginava que o Brasil era uma terra onde haveria tolerância e paz entre os diversos cristãos.
   III) Os holandeses eram contrários à escravidão negra em território brasileiro, principalmente pelo custo apresentado pela importação de escravos africanos.

IV) A Igreja Reformada Holandesa era bastante tolerante com os diversos agrupamentos religiosos presentes no Brasil. Um bom exemplo refere-se aos judeus, que inauguraram uma sinagoga no Recife.

Estão corretas as afirmativas:

a) I, II e III.
b) I e II.
c) I, III e IV.
d) II e IV.

2. Assinale a afirmativa correta:
   a) Os holandeses invadiram a Região Nordeste a fim de expandir suas terras. O maior problema da Holanda era o espaço físico, o que pode ser verificado em sua conquista do espaço pertencente ao mar. O objetivo era invadir o Brasil e trazer para o país uma grande quantidade de criminosos que se tornariam colonos, plantando principalmente trigo, essencial para a alimentação holandesa.
   b) Os holandeses invadiram o Nordeste brasileiro no período da União Ibérica. Portugal e Espanha estavam unidos sob uma única Coroa. Como os espanhóis estavam em guerra contra os holandeses, invadir o Brasil era parte dessa guerra. O objetivo econômico era se apossar do açúcar produzido na região do nordeste, produto muito valorizado na época.
   c) Os holandeses pretendiam apenas explorar as terras brasileiras e abandoná-las quando tivessem conseguido um grande lucro. Por esse motivo, nunca se preocuparam em trazer religiosos ou nobres importantes para o Brasil.
   d) Os holandeses acreditavam que o Brasil era uma espécie de paraíso onde não existia pecado. O que motivou essa crença

foi a descoberta de indígenas completamente nus vivendo próximo às belíssimas praias da Região Nordeste. Assim, sua vinda ao Brasil ocorreu pela busca da terra sem males ensinada pelo cristianismo medieval.

3. Sobre a chegada oficial dos protestantes ao Brasil, assinale a afirmativa correta:

   a) A chegada dos protestantes em solo brasileiro deve-se exclusivamente aos imigrantes alemães, que trouxeram consigo os pastores luteranos, os quais ansiavam facilitar a aculturação de seus compatriotas ao solo brasileiro, motivo pelo qual exigiam a aprendizagem da língua portuguesa.

   b) Os protestantes, ao chegar ao Brasil, tiveram imensa dificuldade de permanecer unicamente entre os imigrantes. Desde o início, grupos como anglicanos e luteranos compreenderam a necessidade de pregar sua fé aos brasileiros. Por esse motivo, os agrupamentos protestantes investiram muito em trazer grandes grupos de missionários especializados em pregar para pessoas que falavam português.

   c) Os batistas e os presbiterianos foram os principais agrupamentos protestantes a permanecer somente entre os imigrantes. Sua estratégia era a construção de escolas dedicadas exclusivamente a seus compatriotas, nas quais não era ensinado o idioma adotado no Brasil.

   d) O tratado de 1810 garantiu a tolerância aos protestantes que atendessem aos imigrantes europeus. Exigia-se que as casas de culto protestantes não tivessem a aparência de igrejas. O uso da cruz na parte externa dessas construções era terminantemente proibido.

4. Assinale a afirmativa que corresponde à posição holandesa quanto à liberdade religiosa:
   a) Os holandeses eram protestantes que não aceitavam a diversidade religiosa. Assim, obrigavam outros grupos a se converterem à sua fé reformada.
   b) Os holandeses incentivavam a diversidade religiosa em suas terras. Seu objetivo era financeiro, pois compreendiam que uma pessoa feliz sempre produz mais. Portanto, financiaram construções de espaços religiosos como os terreiros de candomblé, dos quais muitos permanecem abertos até hoje.
   c) Os holandeses eram tolerantes com outros agrupamentos religiosos. Isso se deve principalmente à formação dos Países Baixos, que atraíram diversos agrupamentos de várias regiões, cada qual com sua experiência de fé.
   d) Os holandeses não tinham um posicionamento claro quanto à questão religiosa no Brasil, principalmente pelo fato de que sua permanência na Região Nordeste foi muito rápida.

5. Assinale V nas afirmativas verdadeiras e F nas afirmativas falsas quanto à questão escravista para os protestantes:
   ( ) Vários protestantes defendiam a ideia de que a escravidão era um dos motivos para o atraso do povo brasileiro.
   ( ) Os pastores ingleses sempre apoiaram os esforços para a abolição da escravatura. Vários outros grupos protestantes não se pronunciavam sobre o tema para evitar conflitos com o governo brasileiro.
   ( ) Os batistas foram os maiores ícones na defesa da libertação dos escravos. Como os primeiros membros desse grupo a chegarem ao Brasil haviam fugido da Guerra de Secessão norte-americana, compreendiam o dano que a escravidão podia causar a uma nação.

( ) A escravidão encontrava na bíblia sua principal explicação, conforme defendia a ampla maioria dos líderes da Igreja protestante brasileira durante todo o período monárquico brasileiro.

( ) Os protestantes, desde que chegaram ao Brasil oficialmente, sempre criticaram a escravidão por considerá-la desumana. Compreendiam que a libertação dos escravos estava de acordo com a Bíblia.

Agora, assinale a alternativa que apresenta a sequência correta:

a) F, V, F, V, F.
b) V, F, V, F, V.
c) V, V, F, F, F.
d) V, F, V, F, F.

Atividades de aprendizagem

Questões para reflexão

1. Releia o texto sobre a invasão holandesa e pesquise mais sobre o tema. Com base nessas pesquisas, descreva a diferença entre as maneiras como os holandeses e os portugueses tratavam os indígenas.

2. Qual foi a importância da invasão francesa na criação da cidade do Rio de Janeiro?

3. Os holandeses tratavam de igual forma os índios e os negros? Explique usando argumentos apresentados neste capítulo.

Atividade aplicada: prática

1. A chegada oficial dos protestantes ocorreu durante o período imperial brasileiro. No princípio, esses grupos chegaram entre os imigrantes estrangeiros e, posteriormente, pregaram também para os brasileiros. Normalmente, os primeiros estrangeiros viviam em colônias, muitas das quais ainda existem. Pesquise se houve colônias de imigrantes em seu estado e qual agrupamento religioso elas trouxeram para o Brasil.

capítulo três

A República Velha

03

República Velha é um período da história brasileira que se desenrola desde a Proclamação da República, em 1889, até a ascensão de Getúlio Vargas, na década de 1930.

A Proclamação da República tece como desdobramentos a liberdade religiosa, a separação entre a Igreja e o Estado e a democracia oligárquica ao solo pátrio. Em um primeiro momento, houve uma aparente vantagem para o protestantismo, pois essas ideias eram advogadas por eles desde que aqui aportaram. Com a liberdade de culto enfim determinada, chegaram ao país várias das dissidências religiosas do Velho Mundo. Essas dissidências geraram divisões nas denominações religiosas que vieram para o Brasil. Outra questão forte foi a centralização econômica no eixo Rio de Janeiro, São Paulo e Minas Gerais. As migrações internas intensificaram-se à medida que novos imigrantes chegavam diariamente de outros países para suprir a demanda por mão de obra no Brasil. Novas fronteiras agrícolas surgiram com a expansão cafeeira. A madeira tornou-se outra importante fonte de riquezas e grandes florestas foram postas abaixo para suprir a necessidade dos países mais desenvolvidos. Ideias controversas, como o milenarismo católico e o senso de progresso contínuo sem a necessidade de aspectos religiosos, encontraram-se em conflito no período de 15 de novembro de 1889 até a Revolução de 1930. A *belle époque* tomou o imaginário das pessoas, pois evoluções tecnológicas chegavam às ruas diariamente, sob a forma de automóveis, caminhões, telefones, bondes, entre outros. A moda tornou-se central e a beleza feminina passou a ser ressaltada, assim como ganhou espaço a libertação da mulher e o seu desejo de conquistar o mundo político e econômico. A família patriarcal começou sua longa trajetória rumo à crise atual. Na ciência, a descoberta de Darwin passou a inebriar a mente dos estudantes que buscavam explicações racionais para o mundo que os cercava.

Todas essas mudanças fizeram surgir necessidades de adaptação da mensagem da fé, ao mesmo tempo que colocaram novos desafios diante de católicos e protestantes.

3.1 Os fanatismos

Se a situação das elites das grandes cidades era muito boa e confortável, alguém estava pagando o preço por isso: aqueles que ficavam na periferia do progresso. Os antigos escravos, os posseiros de terras, os analfabetos, os que viviam na seca nordestina, todos viam sua situação piorar de forma inequívoca. Foi nesse contexto que duas grandes revoltas explodiram no Brasil, a Guerra de Canudos e a Guerra do Contestado. Duas questões encontram-se umbilicalmente ligadas a essas revoltas: o problema fundiário e a presença de monges milenaristas que apresentam características de fanatismo religioso.

A primeira e mais conhecida revolta popular se desenrolou no Nordeste brasileiro, na comunidade de Canudos. Em meio à seca do interior nordestino, começou a estruturar-se a indústria da seca, que carreia milhões em recursos federais até os dias de hoje. Na região, grupos de fazendeiros latifundiários tornaram-se protagonistas de uma política que posteriormente ficou conhecida como *coronelismo*. Jagunços armados expulsavam das propriedades dos coronéis os pequenos proprietários da terra que, sem ter para onde ir, ficavam à mercê da natureza impiedosa. Nem todos sofriam igualmente com a seca, pois aqueles que tinham recursos mandavam construir cacimbas e poços em suas propriedades e comercializavam água por altos valores. A religiosidade do povo, arraigada no catolicismo sacrifical, considerava essa situação normal e consolava-se porna expectativa de encontrar os céus o quanto antes.

A ruptura dessa conformidade veio mediante a pregação de Antônio Conselheiro e durou de 7 de novembro de 1896 até 5 de outubro de 1897.

> *É, pois, nessa região desolada, aquém da realidade brasileira, que estava localizada Canudos – uns 350 km em linha reta de Salvador [...] – à margem da atividade semifeudal das grandes fazendas produtoras de cana-de-açúcar e de cacau, cujos interesses, ligados à exportação, estavam definitivamente identificados com o litoral. Calcula-se que de 25 a 50% do sertão é ocupado por fazendas de mais de 1 000 hectares.*
> (Leonardis, 1997, p. 45-46)

Nessa época, o Brasil era extremamente ligado ao litoral, e a região de Canudos parecia esquecida por Deus e figurava na mentalidade brasileira mais como um conto impossível do que como uma realidade dura que transforma seres humanos em trapos descartados pelo crescimento econômico e social brasileiro. Esse contraponto entre o mundo "civilizado" e ocidentalizado litorâneo e o mundo "rústico" e primitivo do interior nordestino é um eixo importante na interpretação dos movimentos messiânicos.

Embora tenha sido marcada pela religiosidade católica, Canudos rapidamente se contrapôs aos interesses da cúria, o que fez da Igreja Católica sua oponente. Essa oposição não tardou a justificar uma intervenção militar, que provocou um banho de sangue no agreste nordestino, com 25 mil mortos, dos quais 5 mil eram soldados. Para muitos brasileiros da época, essa mortandade justificava-se como um preço para o progresso; outros, inebriados pela evolução da *belle époque*, nem se deram conta do que estava ocorrendo.

Cabe aqui pontuarmos as bases da pregação de Antônio Conselheiro, conhecidamente milenarista, pois elas ajudam a compreender a religiosidade do interior brasileiro e dão indícios de como surgiu o outro conflito que analisaremos, a Guerra de Contestado. Três pontos essenciais do **milenarismo** precisam ser demarcados: a aversão à atuação do Estado laico em áreas que originalmente eram função da Igreja Católica, como casamentos e registros de nascimento; a separação entre a Igreja e o Estado brasileiro; e a crença na implantação de uma terra sem males sob a bênção divina.

Com a República, desapareceu a necessidade de as pessoas casarem-se em uma Igreja para ter o casamento validado, e passou a ser obrigatório o casamento civil para que a união fosse reconhecida pelo Estado. Até aquele momento, a Igreja ocupava uma posição central nos aspectos ligados à cidadania brasileira. O apoio aos pobres, o registro de nascimentos, de óbitos e de casamentos eram controlados pelas igrejas católicas. Isso mudou com o surgimento do o Estado laico. Muitos pregadores católicos acusavam essa mudança de ter trazido os problemas que passaram a assolar o Brasil. Prova disso é a pressão para que, com Getúlio Vargas, a Igreja Católica voltasse a ser a religião oficial do Estado, o que ocorreu em 1931.

Para sobreviver "a Igreja (Católica) permaneceu ancorada em sua aliança com as oligarquias conservadoras, mediante a qual exerceu sua hegemonia sobre as massas rurais" (Mendonça et al., 2011, p. 278).

Dessa forma, a oposição ao Estado era justificada no seio do pensamento católico, mas contrapunha-se aos interesses de domínio das elites eclesiásticas que buscavam uma permanente aliança com as oligarquias, as quais, naquele momento, afastavam-se totalmente do interesse do povo.

A crença de uma terra sem males é um sonho que existe desde que o Brasil foi descrito como um paraíso terrestre pelos colonizadores portugueses. Incorporando o desejo do povo simples por uma experiência social que libertasse o ser humano como um todo e não apenas conduzisse a alma ao paraíso, imensas multidões defendiam a implantação de um ambiente de sonho no ambiente seco nordestino. Para esse sonho, imaginava-se uma monarquia cuja autoridade seria religiosa, quase uma reedição da medievalidade. Em um mundo em transformação, desejava-se reviver o passado em vez de olhar para o futuro. O resultado foi um massacre em nome da democracia e da ordem pública.

Outro exemplo da visão de terra dos sonhos é a aventura jesuíta na Região Sul, onde ocorreu massacre de iguais proporções na divisa entre os Estados do Paraná e de Santa Catarina, numa região chamada então de *Contestado*. O detonador da guerra foi o governo federal, com seu projeto de modernização forçada da nação.

Em um território em que havia grande quantidade de posseiros, o governo decidiu abrir uma ferrovia ligando São Paulo ao Rio Grande do Sul. Como compensação, grandes porções de terra foram cedidas à Brazil Railway Company. Atravessando o vale do Rio Peixe, hoje interior de Santa Catarina, o projeto da ferrovia acabou desapropriando terras de um grande contingente de posseiros. Nessa localidade, foi instalada a Brazilian Lumber Company, responsável pela exploração das araucárias, muito comuns naquela área. Foi nesse contexto de impotência do campesinato que surgiram três monges que foram confundidos durante a guerra como sendo somente um.

João Maria D'Agostini, João Maria de Jesus e José Maria eram monges que viviam na região pregando uma fé mística e curando as pessoas com chás. A vida dos camponeses era essencialmente rural, comunitária, com centros de peregrinação e de culto. Essa realidade mudou com a obrigatoriedade de abandonarem suas casas, sem que nada lhes fosse oferecido em troca. Essa mistura explosiva acabou gerando uma sangrenta batalha que ceifou cerca de 8 mil vidas. O conflito começou como uma guerra contra os posseiros, mas terminou com um confronto entre as polícias paranaense e catarinense pela posse do Contestado. A guerra contra os camponeses só terminou quando o último monge morreu, na Lapa (PR). No imaginário dos revoltosos, eles estariam recobrando a monarquia com o governo religioso e implantado o reino de Deus na Terra. Ao final de quatro anos de conflito, o mapa do Sul do Brasil estava demarcado, com as fronteiras entre Paraná e Santa Catarina definidas. Venceu a República, mas os impactos foram enormes, tanto nas finanças quanto em número de vidas perdidas. De qualquer modo, essa guerra encerrou uma fase mística típica do período pós-monárquico. Pouco é estudado sobre esse conflito, que mobilizou grandes forças federais e sulistas em pleno século XX, chegando a ter um batalhão aéreo lutando contra camponeses que portavam apenas espadas de madeira.

Por um lado, esses movimentos sociais, que geraram grandes conflitos na República Velha, encontraram na mensagem de pregadores simples a ressonância necessária para enfrentar as elites locais. Por outro lado, o protestantismo seguia diferentes rumos, o que discutiremos a seguir.

3.2 Os protestantes e a República

O protestantismo acabou seguindo um caminho completamente diferente daquele desenvolvido pela Igreja Católica. Se durante o Império estava unido ao Estado, agora o catolicismo se encontrava à mercê de seus próprios esforços, necessitando de uma identidade e tendo de prover seu próprio sustento. A seu turno, o protestantismo, que, desde o início, precisou prover seu sustento, encontrava na República Velha a possibilidade de desenvolver-se em igualdade de condições com a Igreja Romana.

Vários aspectos da República traziam aos protestantes a impressão de que o caminho se encontrava pavimentado para o crescimento de suas igrejas. A República separara-se da Igreja Católica, tornando-se leiga, portanto, sem privilegiar nenhuma religião. O grande capitalismo chegou ao Brasil difundindo alguns valores importantes para o protestantismo, como o **progresso** e a **educação**. A urbanização foi outro fenômeno importante para o protestantismo, pois favoreceu a expansão de suas igrejas entre as camadas que migraram das zonas rurais ou da Europa.

As autoridades políticas, interessadas nos votos de que precisavam para os pleitos eleitorais, aproximavam-se de todos os grupos, fazendo-se presentes em inaugurações de igrejas e de colégios protestantes. Embora a educação sempre tenha sido a base da ação católica brasileira, inclusive com inúmeros colégios que ainda hoje **figuram entre os mais bem avaliados do Brasil, os protestantes** apresentavam um novo modelo de educação. Uma das principais diferenças foi a convivência de meninos e de meninas na mesma sala de aula, algo impensável à época nas escolas católicas. Os colégios protestantes, por terem uma metodologia de ensino mais moderna e capitalista, atraíram as elites das cidades, desejosas de se alinhar às mudanças que se operavam no Brasil e no mundo. A aproximação com as elites respondia a um anseio comum de todos os cristãos, inclusive católicos. "A estratégia da Igreja na época republicana é de reforma pelo alto. As elites foram cristianizadas, para que, por sua vez, cristianizasse [sic] o povo, o Estado, a Legislação" (Mendonça et al., 2011, p. 279). Essa mudança era, claramente, vista de forma diferente por católicos e por protestantes: os primeiros queriam um conservadorismo; os segundos, uma maior evolução.

Todas essas demandas foram alvos dos anseios dos primeiros missionários que aqui chegaram, mas não foram percebidas da mesma forma pelos demais movimentos religiosos atuantes. "As modificações que o protestantismo ajudou a introduzir não foram nem serão sempre consideradas positivas" (Cairns, 2008, p. 421). Todas essas transformações somadas às vivenciadas na Europa foram consideradas negativas pelos católicos – o aumento da incredulidade, da irreligiosidade, do darwinismo e do espiritismo era sempre citado como responsável pelas mazelas brasileiras e atribuído ao governo e às novas igrejas protestantes. Uma declaração de indignação do Cardeal Dom Sebastião Leme permite analisar melhor o assunto: "Que maioria católica é essa, tão insensível, quando leis, governos, literatura, escolas, imprensa, indústria, comércio e todas as demais funções da vida nacional se revelam contrárias ou alheias aos princípios e práticas do Catolicismo?" (Leme, citado por Mendonça et al., 2011, p. 279).

No lado protestante, o contexto levou a um misto de apoio e de neutralidade em relação ao governo. As denominações protestantes estavam mais preocupadas com seu próprio crescimento do que com as questões políticas que assolavam o país e, como estavam localizadas principalmente em estados centrais no campo político, percebiam menos as dificuldades sociais do restante da nação. Nesse momento, esses grupos de religiosos abriram várias escolas[1] que atendiam aos ricos e aos pobres, mas cuja maioria das vagas foi ocupada pelas elites locais. Tratava-se de um momento muito especial para a expansão da causa protestante no Brasil.

Foi um momento também marcante pelo fato de coincidir com a chegada dos movimentos pentecostais ao solo brasileiro.

> O movimento da Assembleia de Deus começou no Brasil com Gunnar Vingren e Daniel Berg que aportaram em Belém (Pará) no ano de 1910. Eles trabalharam e ministraram na Primeira Igreja Batista até que o primeiro brasileiro recebeu o 'batismo do espírito santo' (Celina de Albuquerque) em junho de 1911. A primeira igreja da Assembleia de Deus foi formada em 18 de junho com 17 membros saídos da igreja batista de Belém, além dos dois missionários. (Cairns, 2008, p. 421)

Também em 1910, em São Paulo, Luigi Francescon fundou a Congregação Cristã do Brasil. Seu trabalho começou com pregações na Igreja Presbiteriana no bairro do Brás e agradou os italianos ali residentes. Ele se retirou dessa denominação e levou consigo aqueles que criam em sua mensagem. As igrejas pentecostais, em especial a Assembleia de Deus, tiveram um crescimento rápido principalmente entre o povo mais simples no período da República Velha, embora tenham conseguido, em sua caminhada, cativar também pessoas de classes sociais mais elevadas.

Considerando esse agrupamento como um todo, sem levar em conta as divisões entre protestantes históricos e pentecostais, o crescimento após a Proclamação da República tornou-se

---

* Trataremos desse assunto mais adiante.

vertiginoso. É difícil conseguir dados precisos da época, mas, seguindo as pesquisas de Cairns (2008), o Quadro 3.1 revela os números referentes ao ano de 1900.

Quadro 3.1 – Presença dos protestantes em solo brasileiro no início do século XX

Missionários	722
Obreiros nativos	1 101
Templos/igrejas	822
Membros	46 537
Escolas	290
Hospitais	25
Casas publicadoras	17

Fonte: Adaptado de Cairns, 2008, p. 422.

Se por um lado, esse período foi marcado por vertiginoso crescimento, por outro, foi marcado pelas divisões entre as denominações. A primeira a sofrer desse mal foi a Igreja Presbiteriana, por conta do envolvimento com a maçonaria. Os protestantes estavam próximos desse movimento até a derrubada do Império, mas depois disso, passaram a vê-lo, como um perigo para sua sobrevivência.

Outro fato importante é que as igrejas protestantes começaram a desenvolver-se em oposição ao catolicismo, ou seja, o cristão protestante era o oposto do cristão católico, inscrevendo em suas rotinas vários usos e costumes que visavam essa oposição. No caso pentecostal, essas atitudes foram transformadas em características marcantes, como o uso de cabelos longos e de roupas mais simples, o abandono dos jogos esportivos, entre outros. Esses hábitos só passaram a ser questionados após a redemocratização brasileira. Esse aspecto é bem notado por Cairns (2008, p. 425), quando afirma que:

> os protestantes que trouxeram o evangelho à América Latina transmitiram uma forma de cristianismo ao mesmo tempo dogmática, puritana e, num certo sentido, legalista. Tratava-se de um cristianismo que exigia uma decisão transformadora do estilo de vida, envolvendo inúmeras implicações éticas e sociais.

Essas mudanças traziam elementos positivos e negativos. Um dos aspectos positivos era que, ao praticar uma ascese maior, os protestantes desenvolveram também um padrão social e religioso que os marcava como pessoas que poderiam tornar-se exemplos de cidadãos. O aspecto negativo era que os novos convertidos eram obrigados a afastar-se de seus antigos amigos para associar-se apenas a outros cristãos protestantes, diminuindo o espectro de ação do Evangelho e fazendo-os formar um gueto no qual viveriam mais corretamente, que em outras comunidades ou denominações. Isso acabou afetando a continuidade do protestantismo, por fornecer munição para as inúmeras divisões entre seus movimentos, sempre com a percepção de que estavam plantando um grupo mais correto em determinado quesito. Esse fato tem consequências até hoje, pois impede a cooperação entre os grupos protestantes com vistas à ampliação da obra de Deus, sem a preocupação com a bandeira denominacional levantada.

Com a urbanização, as igrejas protestantes tiveram um crescimento nunca antes experimentado. Isso se deveu, em grande parte, ao fato de que as pessoas que chegavam aos centros urbanos sentiam-se sozinhas e carentes de suas raízes interioranas, e encontravam a segurança nas igrejas. Por essa razão, a urbanização no Brasil sempre esteve ligada ao crescimento protestante evangélico, principalmente após a década de 1960, quando a industrialização teve grande impacto sobre o modo de vida brasileiro.

O afastamento das questões políticas levou os protestantes evangélicos a perder as oportunidades de abordar os problemas sociais brasileiros com maior relevância. No caso de São Paulo, em especial no período da República Velha, os protestantes foram aqueles que se declararam contrários às manifestações populares e às demandas por melhores salários. Com isso, os grupos que advogavam essas bandeiras encontraram apenas no anarquismo e no comunismo as forças sociais capazes de amparar suas demandas. Isso gerou um contrassenso uma vez que boa parte dos membros das igrejas era oriunda das classes trabalhadoras. O conflito entre comunismo, anarquismo e cristianismo foi algo herdado dos países do Hemisfério Norte e chegou ao Brasil de forma bastante equivocada.

No Hemisfério Norte, a igreja era composta em sua maioria pela elite burguesa industrial e comercial; por essa razão, precisava se opor às doutrinas sociais. No caso brasileiro, não se observava essa mesma realidade, mas o discurso rapidamente se afinou à origem eclesiástica, causando clara ruptura entre o protestantismo evangélico e as questões sociais. Esse divórcio causou claros problemas para a fase seguinte da história do Brasil, a Era Vargas.

Síntese

Neste capítulo, analisamos o papel da Igreja no contexto da República Velha. Esse período da história do Brasil foi marcado por dois importantes movimentos que mostram a força que a fé exercia sobre as pessoas e como o fanatismo influenciava questões políticas, como sintetizamos no quadro a seguir:

Quadro 3.2 – Fanatismo na República Velha

Movimento	Canudos	Contestado
Estado(s)	Bahia	Paraná e Santa Catarina
Líder	Antônio Conselheiro	José Maria
Período	1896-1897	1912-1916
Motivo	Baixa qualidade de vida no interior nordestino, agravada pelo fortalecimento dos latifundiários por parte da República.	Construção da estrada de ferro ligando São Paulo ao Rio Grande do Sul, que desapossou vários moradores do interior dos Estados do Paraná e de Santa Catarina.
Número de mortos	• Cerca de 20 mil pessoas do arraial de Canudos. • Cerca de 5 mil soldados do exército brasileiro.	• Entre 5 mil e 8 mil mortos ou desaparecidos do exército rebelde. • Entre 800 e 1 000 soldados do exército brasileiro.
Resultado	O arraial de Canudos foi completamente destruído e os seus líderes, mortos.	• Os moradores foram expulsos de suas terras. • A Brazilian Lumber Company recebeu as terras, que usou para explorar a madeira das araucárias.

Com relação a sua chegada, a suas principais características e a sua influência na sociedade da época da República Velha, destacamos que os protestantes:

- viam a secularização do Estado como algo essencial;
- tinham grande influência norte-americana e inglesa;
- apoiavam a República por considerarem que, com ela, o Brasil se tornaria uma potência;
- investiam muito em escolas;

- trouxeram as igrejas pentecostais: Assembleia de Deus e Congregação Cristã do Brasil, entre outras;
- cresceram com a urbanização.

Indicações culturais

GUERRA DE CANUDOS. Direção: Sérgio Rezende. Brasil: Columbia TriStar, 1997. 170 min.

O filme trata do ambiente que marcou a Guerra de Canudos, em seus aspectos religioso, cultural e social.

A GUERRA DOS PELADOS. Direção: Sylvio Back. Brasil: Paraná Filmes, 1970. 98 min.

Trata das causas e do desenrolar da Guerra do Contestado. Mostra as questões religiosas presentes naquele contexto.

Atividades de autoavaliação

Questões para revisão

1. A República Velha trouxe consigo revoltas e conflitos internos. Dois deles são muito importantes para a compreensão da história da Igreja nesse período. Nas afirmativas a seguir, assinale A para Canudos e B para Contestado:
   ( ) Revolta ocorrida no interior da Bahia.
   ( ) Revolta ocorrida no interior do Paraná e de Santa Catarina.
   ( ) O principal líder chamava-se José Maria.

( ) O gatilho foi a construção da estrada de ferro entre São Paulo e Rio Grande do Sul, que desapropriou as terras dos moradores da região.

( ) A baixa qualidade de vida no interior nordestino foi um importante fator que levou a essa revolta.

Agora, assinale a alternativa que apresenta a sequência correta:

a) A, A, B, B, B.
b) A, B, A, A, B.
c) A, B, B, B, A.
d) A, B, A, B, A.

2. Assinale a única afirmativa em que são listados elementos presentes em ambas as revoltas – do Contestado e de Canudos.
   a) Monges milenaristas, questão fundiária e fanatismo religioso.
   b) Extrativismo vegetal, construção de ferrovia e questão fundiária.
   c) Fome, interesses estrangeiros e latifundiários.
   d) Seca, pobreza extrema e latifundiários.

3. Sobre os protestantes na República Velha, analise as afirmativas a seguir:
   I) Como o Estado e a Igreja Católica estavam formalmente separados, o protestantismo teve igualdade de condições com o catolicismo.
   II) Os protestantes, tinham como estratégia atingir as elites para que, na sequência, o restante do povo fosse cristianizado.
   III) Os protestantes cresceu muito rapidamente durante esse período, chegando a superar, em número, o de fiéis da Igreja Católica Romana.

iv) As igrejas pentecostais tiveram um rápido crescimento entre o povo mais simples.

v) Os protestantes sempre estiveram preocupados com as questões sociais brasileiras, especialmente nesse período.

Estão corretas as afirmativas:

a) I, III, IV e V.
b) I, II e IV.
c) I, II, III e IV.
d) II, III e V.

4. A República Velha deu início a uma nova forma de relação entre as igrejas cristãs e o Estado. Sobre essa relação, analise as afirmações a seguir e assinale a única correta:

a) Nesse período, o Estado tornou-se laico, afastando-se das igrejas. O casamento civil foi um dos mais importantes marcos do dessa época.

b) A República Velha se aproximou dos protestantes, considerando-os uma boa influência para a formação de um Brasil moderno.

c) A República Velha nunca teve um posicionamento quanto ao assunto religioso. Os governantes percebiam o ideal da nação superior a qualquer questão religiosa. Mesmo assim, investiram grandes somas em obras assistenciais religiosas.

d) Os líderes da República Velha eram, em sua maioria, ateus. Portanto, perseguiram os agrupamentos religiosos buscando formar uma sociedade mais moderna, baseada no uso da razão.

5. A respeito de seu posicionamento diante da República Velha, é correto afirmar que os protestantes:

a) sempre denunciaram o sistema republicano, pois acreditavam que havia somente um sistema de governo realmente cristão, a monarquia.

b) buscavam derrubar o governo republicano para implantar uma ditadura religiosa protestante no Brasil.

c) não tinham uma posição clara sobre a República Velha, principalmente por pregarem a separação total entre a Igreja e o Estado.

d) tinham simpatia ao sistema republicano, principalmente por ele representar a concretização dos ideais desse grupo religioso.

Atividades de aprendizagem

Questões para reflexão

1. A questão fundiária no Brasil é um dos temas mais relevantes no estudo da República Velha. Como esse tema é tratado na atualidade? Se necessário busque informações em jornais e em *sites* ou *blogs* para responder a essa pergunta.

2. De posse das informações pesquisadas e do texto deste capítulo, analise se essa problemática ainda é central no estado em que você vive. Como a teologia pode ajudar a responder às demandas fundiárias características de sua região?

3. Existem escolas religiosas na cidade onde você mora? Qual agrupamento cristão mantém mais escolas? Como esse dado se relaciona com o capítulo lido?

Atividade aplicada: prática

1. Mediante as informações compiladas nas pesquisas propostas nas "Questões para reflexão", analise a validade do sistema escolar religioso na atualidade. Para tornar esta reflexão ainda mais relevante, considere a sua realidade regional. Componha um texto sobre o tema.

capítulo quatro

A Era Vargas

04

A *Era Vargas* é conhecida por esse nome por referir-se a um líder destacado que ocupou a cena política brasileira entre 1930 e 1945 – Getúlio Vargas. Seu retorno, anos depois, seguido por seu suicídio, é visto como parte de outro momento-chave da história do Brasil, chamado de *populismo*. O período que ora comentamos se iniciou com a crise do café e dos demais produtos exportados pelo Brasil em virtude da Quebra da Bolsa de valores de Nova York, em 1929, e teve fim com a renúncia forçada de Vargas após a Segunda Guerra Mundial.

Antes de prosseguirmos, precisamos esclarecer que a República Velha estava ancorada numa política que privilegiava majoritariamente dois estados: São Paulo e Minas Gerais. O Rio de Janeiro, por ser capital do Brasil, também recebia benefícios. Os outros estados encontravam-se à margem dos investimentos, da política e das prioridades nacionais. Vários setores eram também excluídos do jogo político, como os tenentes do exército, os trabalhadores proletários e a Igreja Católica. Na confluência desses elementos, estavam as condições para ocorrer uma revolução, e a situação foi agravada pela suspeita de manipulação dos resultados da eleição de Júlio Prestes, em 1930.

Getúlio Vargas, apoiado por Minas Gerais, Paraíba e Rio Grande do Sul, declarou não aceitar a derrota eleitoral e mobilizou uma revolução. Sua viagem de trem do Rio Grande do Sul a São Paulo foi marcada por vários discursos e pela ampliação dos apoios popular e militar à derrubada do sistema conhecido como *café com leite*. Ao chegar às terras paulistas, para pânico das elites cafeeiras, Vargas foi recebido pelo povo como o novo presidente do Brasil, visto que Washington Luís havia sido deposto. Dava-se início ao Estado Novo, o mais longo governo ditatorial republicano da história brasileira.

"Pode-se entender o Estado Novo como um regime autoritário, mas não fascista" (Mendonça et al., 2011, p. 279). Essa reflexão nos ajuda a compreender o ambiente em que estava se desenrolando a ascensão de Vargas ao poder. Com a Grande Depressão de 1929, havia um enorme descrédito quanto ao liberalismo como forma de administrar as nações. Dois sistemas provavam ser mais eficientes nessa função, por diminuírem ou barrarem a crise: o comunismo e o nazifascismo. A grande diferença entre eles era o posicionamento econômico: enquanto o comunismo defendia a divisão da propriedade privada, o nazifascismo defendia a aliança com a burguesia produtiva. Ambos os regimes fundamentavam-se na ideia de que o Estado deveria ser o maior gestor da economia, contrapondo-se ao liberalismo, que acreditava no livre mercado e em sua mão invisível[1]. Em um mundo instável, a estabilidade de líderes como

---

1 *Mão invisível* é um termo cunhado por Adam Smith para designar uma força natural que equilibra a economia, fazendo valer a lei de oferta e procura, ou seja, mesmo que não haja uma pessoa ou entidade a determinar o que deve ser produzido, a quantidade em que isso deve ser feito e o preço a ser praticado, tudo é determinado (naturalmente) pelo mercado.

Hitler, Mussolini, Stalin, Franco e Salazar aparentava segurança para investimentos e para as perspectivas de futuro. Vargas era a imagem dessa segurança e das transformações de que o Brasil necessitava. "Havia [...] a ambição de corrigir os problemas do capitalismo: desigualdade social, crises, insegurança econômica, conflito de classes e de interesses" (D'Araujo, 2000, p. 8).

De imediato, Vargas buscou atender às demandas dos tenentes que ambicionavam mais poder e transformações sociais. "Vargas utilizou os tenentes da ala política como arma contra as oligarquias, nomeando interventores vários deles, principalmente no Nordeste" (Mendonça et al., 2011, p. 280).

Na sequência, Vargas dedicou-se a atender às demandas da classe operária, estabelecendo leis trabalhistas. Antes dessa reforma, os operários chegavam a cumprir jornadas diárias de 14 horas sem descanso semanal nem férias. Os salários obedeciam aos ideais liberais e eram negociados diretamente com os patrões, que mantinham um salário pífio, conforme a visão de Adam Smith. Com Vargas, foi fixado o salário mínimo, que garantia um sustento mais digno ao trabalhador, considerado na época exagerado pela elite industrial. Foram fixadas também as regras para férias, demissões, acidentes de trabalho, previdência social, entre outras. Antes de Vargas, acidente de trabalho era motivo para demissão: o trabalhador ficava sem nenhuma cobertura social e, possivelmente, acabava na miséria.

4.1 A igreja oficial do Estado

Outro setor importante atendido por Vargas foi a Igreja Católica. O anseio da instituição por influir nos caminhos da política era conhecida desde o final do Império. A República Velha, ou Primeira

República, seguia uma inspiração modernizante europeia, afastando-se completamente da Igreja, como o fez a Itália. Vargas compreendia ser necessária uma reaproximação com a Igreja Católica para a construção de seu grande ideal nacionalista: o desenvolvimento de uma identidade nacional. Até então, o brasileiro se via mais como cidadão de um Estado do que como cidadão de uma nação. As identidades regionais superavam o desejo de unidade nacional. Vargas entendia ser impossível modernizar um país sem identificação com a população e, nesse viés, a Igreja Católica, por estar presente em todo o território brasileiro, servia bem ao propósito de unificar a nação.

> Na década de 1930, a Igreja buscou consolidar uma unidade no plano nacional. Esta união deu-se em torno de uma devoção: o Papa Pio XI, a pedido do episcopado brasileiro, declarou Nossa Senhora Aparecida padroeira do Brasil. Em torno deste evento, arquitetaram-se as grandes mobilizações de massas, verdadeiras demonstrações de força, visando influenciar o governo provisório, para que reivindicações fossem atendidas. (Mendonça et al., 2011, p. 280)

Foram realizados vários eventos na tentativa de aproximar a Igreja do Estado varguista, como a inauguração do Cristo Redentor e a realização de missas campais e de reuniões com os governantes e com o próprio Vargas. "Depois de 40 anos, o Episcopado Brasileiro unido perante o governo, discutiu o estatuto da igreja dentro da nação perante o Estado" (Mendonça et al., 2011, p. 281). No mesmo período, intensificou-se a formação de intelectuais católicos para preencher os setores mais altos da administração e da educação públicas. Outra estratégia adotada pelo grupo envolveu a eleição de maio de 1933 e a Liga Eleitoral Católica (LEC), que atuava de forma suprapartidária e assinalava que o candidato tinha a bênção do catolicismo por estar de acordo com as demandas da Igreja.

Em uma nação de maioria católica, a vitória era apenas uma questão matemática. A maioria dos parlamentares era ligada à LEC. O resultado foi uma constituição que devolvia muitos benefícios à instituição autorizando-a a intervir em questões consideradas essenciais, como a obrigatoriedade do ensino religioso nas escolas públicas, a proibição do divórcio, a presença de capelães entre militares e o financiamento de obras da Igreja Católica pelo Estado.

O mundo político, no entanto, encontrava-se fracionado entre a Aliança Integralista Brasileira, de orientação nazifascista, e a Aliança Nacional Libertadora, de orientação comunista. Mesmo com a vitória do líder gaúcho, a Igreja Católica precisava escolher entre as duas linhas que influenciavam Vargas. A escolha pela linha capitalista nazifascista foi natural, principalmente após Mussolini ter assinado o Tratado de Latrão, pacto firmado pelo secretário do Papa Pio XI, o Cardeal Pietro Gasparri, para a criação do Estado do Vaticano, reconhecendo a Igreja Católica na Itália.

> *O fascismo então passa a ser visto como a única barreira militante contra o comunismo.* No afã de obter um modus vivendi *que lhe resguardasse, no Estado Moderno, os direitos religiosos considerados mínimos, a Igreja mostrou-se disposta a concessões limites, de onde recuou posteriormente tanto em relação ao fascismo quanto em relação ao nazismo.* (Mendonça et al., 2011, p. 282)

A mudança de orientação política nacional afetou também as feições da atuação da Igreja Católica, que se afastou de uma ação mais voltada às questões sociais e aproximou-se de uma posição mais politizada, com a capacitação de seus líderes tanto para o embate político quanto para o religioso. Nesses embates, manteve-se o apoio a Vargas e o combate ao comunismo, num primeiro momento, e ao integralismo, na sequência. O objetivo dos bispos era a formação de um Estado com características brasileiras, e não cópias de europeus. Essa visão só pôde ser justificada pelo apoio incondicional das elites agrárias à Igreja Católica. Foi essa aliança que alimentou a manutenção por longo período de tempo de uma figura carismática como Vargas e as condições para que ele se firmasse no imaginário nacional, de forma que, ao final de seu governo, os brasileiros se sentiam mais membros de seu país do que parte de seus estados. Como resultado não houve outras guerras separatistas após o Governo Vargas, pois o Brasil havia se tornado uma nação.

4.2 A Igreja Evangélica

A limpeza e a saúde foram temas relevantes da ação dos protestantes em solo brasileiro, principalmente após a ascensão de Vargas ao poder. O período coincidiu com a proibição da venda de bebidas nos Estados Unidos e com um discurso de ascese dos principais líderes protestantes mundiais. O discurso evangélico local também foi afetado diretamente por essas situações, refletindo-se nas pregações e nas publicações evangélicas do período.

Devemos ressaltar que não ocorreram interferências diretas entre as igrejas protestantes e o governo. O estreitamento entre eles se deu por um afinamento de discurso, e não na questão econômica. O motivo claro por trás dessa aproximação era o comunismo, que, no ambiente urbano em que as igrejas protestantes atuavam, parecia estar se tornando uma unanimidade principalmente entre os membros da classe operária. A origem norte-americana e inglesa dos primeiros missionários deixara um legado no imaginário protestante, o anticomunismo. Esse legado foi reativado quando o "perigo vermelho" tomou o Brasil. Naquele momento, o apoio às ações do governo foi quase uma unanimidade entre os líderes protestantes, visto como uma saída para o momento conturbado que a sociedade atravessava. No imaginário protestante, Vargas era um ponto central entre o integralismo – e suas doutrinas de orientação nazifascista – e o comunismo. Logo, apoiar o presidente tornou-se essencial. Esse apoio não foi velado em muitas denominações. Mesmo os batistas, que apregoavam a separação entre a Igreja e o Estado, chegaram a publicar uma foto de Getúlio Vargas acompanhada do discurso proferido pelo presidente em 7 de setembro de 1941 na primeira página do jornal *O Batista*, publicado em Ponta Grossa (PR) em setembro de 1941 (Figura 4.1). Esse caso é emblemático, pois os batistas eram bastante convictos na ideia de não se aproximar do Estado. Outros jornais protestantes, também de denominações não pentecostais, publicavam dados favoráveis ao governo. Os pentecostais, por meio de sua maior denominação, a Assembleia de Deus, passaram a adotar momentos cívicos em suas reuniões e cultos. As orações para que Deus protegesse o presidente e o ajudasse a fazer as mudanças na nação tornaram-se apelos comuns entre as congregações. O que estava ocorrendo era uma aproximação com o governo, sem fazer exigência alguma e sem aceitar qualquer interferência. Por incrível que pareça, foi nessa época que começou o crescimento dos evangélicos em solo brasileiro, principalmente em virtude do fortalecimento das igrejas pentecostais.

Figura 4.1 – Capa do jornal *O Batista*, em setembro de 1941

Fonte: O sete..., 1941.

Um dos aspectos importantes desse período era a atuação das igrejas protestantes nas áreas da educação e da saúde. Missões evangélicas passaram a oferecer ajuda aos carentes nessas áreas visando à saúde corporal, para que a pessoa pudesse servir a Deus.

Dispensários e visitas a hospitais tornaram-se importantes para os protestantes. As publicações feitas pelas denominações passaram a ensinar as mulheres a cozinhar melhor, a cuidar dos filhos, a adotar hábitos de higiene, entre outros. A preocupação com o ser humano passou a ser centro de todas as campanhas educativas lançadas por Gustavo Capanema, então ministro do Governo Vargas. Para as igrejas protestantes, esse discurso estava consoante com seus princípios, pois o Estado estava ensinando o ser humano a ser comedido, a evitar bebidas alcoólicas e o fumo, a não manter relações sexuais antes ou fora do casamento e a alimentar-se melhor. Essas bandeiras foram rapidamente incorporadas pelos protestantes, mesmo em denominações em que o tabagismo e o álcool eram tolerados. Criou-se o mito de que o protestante era um cidadão ideal, pois tinha padrões superiores aos apregoados pelo Estado. Nesse ponto, as igrejas consideravam o Estado como algo de Deus, uma vez que já não era secularizado e incentivador da promiscuidade e da ganância. Foi a primeira vez em sua história a Igreja Evangélica conseguiu repetir um discurso estatal sem precisar negar suas próprias convicções. Pastores se aproximaram das camadas representadas, principalmente dos militares tenentistas, visto que estes queriam uma reforma do Estado sem ferir suas estruturas básicas.

Vargas adotou uma postura de feições nazistas, porém sem aderir ao discurso da raça pura. No governo havia líderes que demonstravam simpatia a Hitler, mas os problemas brasileiros eram diferentes daqueles experimentados pela Alemanha pré-guerra. Buscava-se um homem útil e forte para um Brasil em expansão, e as Igrejas Protestantes interpretavam isso como afinado com seus discursos. Várias revistas protestantes femininas da época passaram a publicar receitas que supostamente garantiriam energia para o novo homem que se formava.

O apoio às ações educacionais e à abertura de colégios foi outra forma de alinhar interesses dos protestantes e do governo. Carlos Calvani (2009) faz uma excelente análise sobre o assunto, mostrando como a educação fez parte do esforço missionário dos protestantes de linhas não pentecostais, que ele chama de *tradicionais*.

> *As Igrejas Presbiterianas, Batistas e Metodistas sempre se caracterizaram, no início de suas atividades no Brasil, por uma forte preocupação educacional. Em pouco tempo, além de comunidades locais, começaram também a organizar escolas ou colégios. Algumas dessas instituições educacionais, hoje, são universidades enquanto outras permaneceram oferecendo apenas o ensino fundamental e médio.* (Calvani, 2009, p. 55-56)

Esses projetos educacionais não eram valorizados pelos primeiros protestantes por seu caráter educativo, mas por seu aspecto evangelizador e como forma de firmar valores protestantes na polulação. Para isso, exercia-se uma educação voltada à cidadania, à profissão e à fé.

> *Era uma educação essencialmente pragmática, que valorizava a livre-iniciativa, a formação técnica necessária para o funcionamento das indústrias que surgiam e a organização política destinada a dar sustentabilidade ao projeto de uma nação republicana que se entendia como a mais próxima realização dos ideais do Reino de Deus na terra.*
> (Calvani, 2009, p. 60)

Esse foi um momento em que a elite passou a colocar seus filhos em colégios protestantes, visando afinar seu discurso ao dos Estados Unidos, progressista, visto que essas denominações eram vistas como representantes do modo de pensar norte-americano.

Num governo como o de Vargas, essas escolas passaram a adotar as principais mudanças propostas por Capanema, ao mesmo tempo que mantinham as bases norte-americanas. Turmas mistas já eram adotadas anteriormente e passaram a ser valorizadas; a preparação da mulher para o exercício do lar, da educação e da saúde, também. A educação dos meninos os preparava para a nova realidade que se esboçava no Brasil, o progresso. "O ensino enfatizava o individualismo ético incutindo valores como honra, virtude, respeito mútuo, liberdade, solidariedade e cidadania" (Calvani, 2009, p. 64).

No entanto, Calvani (2009) assinala que, após a Segunda Guerra Mundial, com o advento da Guerra Fria entre os Estados Unidos e a União Soviética, a linha protestante evangélica mais fundamentalista chegou com força ao Brasil, desviando o ensino do ardor educacional e levando-o para uma ação religiosa voltada à salvação da alma, sem importar o contexto. Se durante a Era Vargas a ideia de desenvolvimento prevalecia entre os protestantes, na fase pós-Vargas a visão era mais escatológica, com ênfase na volta iminente de Jesus Cristo. Nessa nova perspectiva, a educação só teria sentido se conduzisse vidas a Cristo, afinal não se podia perder tempo, pois o Rei estava voltando.

Como fruto dessa crença, muitas escolas protestantes foram fechadas e substituídas por investimentos contínuos em campanhas evangelísticas, e a transformação total do ser humano foi trocada pela salvação da alma e pela adequação aos padrões sociocomportamentais dos demais fiéis da Igreja Evangélica.

Síntese

A Era Vargas gerou uma mudança substancial no relacionamento entre a Igreja e o Estado. Com o objetivo de inspirar um sentimento de nação na população brasileira, o governo promoveu uma reaproximação com a Igreja Católica, instituição presente em todos os cantos do país. Percebendo a situação, os católicos criaram a Liga Eleitoral Católica (LEC), que formava candidatos a cargos públicos alinhados aos ideais da Igreja. Essa unidade nacional foi responsável por acabar com os conflitos entre os estados por território e com possíveis crises emancipatórias.

Quanto ao papel dos protestantes no contexto do governo Vargas, destacamos:

- A sociedade brasileira adotou o mito do cidadão ideal incorporado pelos agrupamentos protestantes, que combatiam o alcoolismo, o tabagismo e a prostituição.
- O sentimento anticomunista colocava o Estado e os protestantes na mesma direção.
- Os protestantes ampliaram sua atuação na sociedade com a criação de escolas e colégios cuja proposta educacional visava à evangelização dos brasileiros.

Indicação cultural

O MUNDO em que Getúlio viveu. Direção: Jorge Ileli. Brasil: Entrefilmes, 1963. 83 min.

Documentário que retrata a vida de Getúlio Vargas usando imagens e gravações sonoras da época da Revolução de 1930.

Atividades de autoavaliação

Questões para revisão

1. A Era Vargas é o nome dado ao período histórico que o Brasil viveu entre 1930 e 1945. Analise os acontecimentos descritos e assinale o único que **não** se refere a esse período:
   a) Segunda Guerra Mundial.
   b) Aumento do poder do catolicismo romano.
   c) Ditadura.
   d) Guerras religiosas.

2. Entre as ações de Vargas, encontra-se a aproximação com a **Igreja Católica**. É correto afirmar que a principal razão dessa aproximação era a necessidade de:
   a) desenvolver uma unidade nacional, evitando os conflitos internos da nação.
   b) a Igreja Católica investir mais em saúde, visto que o governo estava sem recursos.
   c) a Igreja Católica investir em educação para garantir a alfabetização dos brasileiros, prestando auxílio ao crescimento nacional.
   d) reduzir a presença dos protestantes que questionavam a autoridade dos governantes da República Velha.

3. Sobre a presença dos protestantes na Era Vargas, assinale V nas afirmativas verdadeiras e F nas afirmativas falsas:
   ( ) O período coincidiu com a proibição da venda de bebidas nos Estados Unidos, o que aproximou os protestantes das questões de limpeza e de saúde defendidas pelo Governo Vargas.
   ( ) O comunismo foi uma das razões da aproximação entre os protestantes e o Governo Vargas.

( ) Essa foi uma época em que quase não ocorreu crescimento do contingente de protestantes.
( ) Dispensários e visitas a hospitais tornaram-se importantes para os protestantes.
( ) Como o governo tinha contornos ditatoriais, os protestantes consideravam o Estado como inimigo de Deus.

Agora, assinale a alternativa que apresenta a sequência correta:

a) V, V, F, F, F.
b) V, F, V, F, V.
c) V, V, F, V, F.
d) F, V, F, V, V.

4. O ensino protestante, na Era Vargas, tinha como objetivo:
   a) preparar a mulher para o exercício do lar, da educação e da saúde.
   b) conscientizar os cidadãos para a igualdade de direitos entre os sexos.
   c) fortalecer nos estudantes o desejo de exigir direitos democráticos.
   d) treinar meninos para a guerra que estava ocorrendo em todo o mundo.

5. O individualismo ético presente nas escolas protestantes valorizava os seguintes princípios:
   a) consumismo, trabalho, sacrifício pela nação e democracia.
   b) virtude, respeito mútuo, liberdade e cidadania.
   c) solidariedade, liberdade e fraternidade.
   d) secularismo, ascese, trabalho e poupança.

Atividades de aprendizagem

Questões para reflexão

1. O Brasil é um Estado laico. Embora esteja presente na Constituição, muitas vezes esse conceito não é aplicado. Busque notícias de jornais que indiquem momentos em que a laicidade foi desrespeitada. Quais são as razões desse rompimento e como ele nos aproxima do contexto da Era Vargas.

2. O discurso protestante de cidadão ideal foi abandonado? Analise os usos e os costumes atuais dos protestantes e reflita se ele ainda se manifesta hoje em dia.

3. Neste capítulo, tratamos de duas vertentes ideológicas presentes na Era Vargas, a Aliança Integralista Brasileira e a Aliança Nacional Libertadora. Embora elas não mais existam, as ideias que divulgavam ainda ecoam em pleno século XXI. Pesquise quais são os nomes dos grupos que compartilham dessa maneira de pensar e qual o posicionamento dos grupamentos eclesiásticos quanto a essas ideologias. Escreva suas conclusões e compartilhe com outras pessoas interessadas no assunto buscando identificar o que mudou e o que continua similar à década de 1930.

Atividade aplicada: prática

1. Um dos aspectos mais relevantes do Governo Vargas, mas pouco evidenciado, é o cuidado com a saúde e a limpeza. Essas áreas ainda representam desafios ao Brasil, mesmo em pleno século XXI? Como a Igreja pode apoiar ações de saúde pública? Desenvolva um projeto passível de ser usado em seu ambiente eclesiástico.

capítulo cinco

Igreja e política na Guerra Fria

05

Após a queda de Getúlio Vargas, a igreja cristã teve de lidar com uma nova realidade, a Guerra Fria. Protagonizada por duas superpotências, Estados Unidos da América (EUA) e União das Repúblicas Soviéticas (URSS), a guerra visava ao domínio planetário e à destruição do oponente. Embora se tratasse de um momento de crescimento tecnológico vertiginoso, foi também marcado pela sensação de que o mundo poderia deixar de existir a qualquer momento; no campo da fé, isso provocou insegurança e um clima altamente propício para o advento de fundamentalismos e de paixões pela escatologia. Aliás, vários veículos de comunicação protestantes na época enfatizavam a volta de Jesus Cristo.

Concomitantemente a essa expectativa pelo retorno do Salvador, intensificava-se a ação anticomunista por parte das igrejas protestantes. Na verdade, tratava-se de um momento em que ser protestante era adotar uma postura anticomunista e, portanto, apoiar o capitalismo. Essa situação perpetua-se até hoje, mesmo com a compreensão de que a Bíblia nunca se posicionou a favor de nenhuma forma de administração financeira ou política.

Nessas circunstâncias históricas, surgiu na América Latina uma importante corrente teológica, a **Teologia da Libertação**, que visava aproximar a fé cristã das visões marxistas. Inicialmente, essa visão foi abraçada por teólogos protestantes e católicos, mas, em virtude das mudanças políticas brasileiras, teve apoio apenas de uma parte da Igreja Católica. Apoiada no Concílio Vaticano II, a linha teológica teve grande apelo popular por pregar uma fé que prometia mudanças sociais para o tempo presente, e não para um futuro escatológico, como o faziam os demais agrupamentos religiosos.

Na época, ocorreu também o nascimento de uma importante linha de direita católica, a **Tradição, Família e Propriedade (TFP)**. Tal organização foi uma rival importante da Teologia da Libertação no seio da Igreja Católica, assim como protagonizou um dos movimentos que facilitaram a queda do presidente João Goulart e a ascenção dos militares, a Marcha da Família com Deus pela Liberdade. Tendo como base uma visão anticomunista, 500 mil pessoas saíram às ruas de São Paulo para protestar contra as reformas sociais e fundiárias propostas pelo presidente João Goulart.

Outra corrente que se formou no Brasil foi o ecumenismo. Surgido após a Segunda Guerra, esse movimento mundial visava integrar os agrupamentos cristãos para a implantação da paz. Vários grupos internacionais advogavam essa integração, como o Conselho Mundial de Igrejas. Com a aprovação do Concílio Vaticano II, houve maior diálogo entre a Igreja Católica e importantes setores protestantes tanto no Brasil como no mundo. O movimento, intensificado a partir da década de 1960 no Brasil, causou conflitos internos importantes no seio das igrejas protestantes. Como o protestantismo fundou-se no Brasil com um discurso anticatólico, tal aproximação parecia estranha a seus membros. Por essa razão, alguns protestantes associaram o ecumenismo ao comunismo, considerando-o uma ameaça à fé pura em Jesus Cristo.

Com a instalação do regime de exceção chamado de *ditadura militar*, as igrejas dividiram-se entre apoiar incondicional ou parcialmente o regime. Não se observavam nos núcleos de poder eclesiástico posturas de rejeição à ditadura que se iniciava. Esse regime foi um período de crescimento protestante no Brasil, em especial das igrejas pentecostais. Cairns (2008) indica que o número de protestantes brasileiros passou de cerca de 4 milhões antes da ditadura para cerca de 6 milhões na década de 1980.

Neste capítulo, analisaremos as mudanças e o contexto desse período extremamente tumultuado da história brasileira, que vai desde o fim da Era Vargas até a queda da ditadura militar. A razão teórica para essa escolha baseia-se no fato de que o mundo viveu sob a mentalidade e a tensão da Guerra Fria, que durou de 1945 até 1991. Veja o que Eric Hobsbawn (1995, p. 224) fala sobre essa guerra, em que não houve um grande conflito mundial:

> *A Segunda Guerra Mundial mal terminara quando a humanidade mergulhou no que se pode encarar, razoavelmente, como uma Terceira Guerra Mundial, embora uma guerra muito peculiar. Pois, como observou o grande filósofo Thomas Hobbes, "a guerra consiste não só na batalha, ou no ato de lutar; mas num período de tempo em que a vontade de disputar pela batalha é suficientemente conhecida" [...] A Guerra Fria entre EUA e URSS, que dominou o cenário internacional na segunda metade do Breve Século XX, foi sem dúvida um destes períodos. Gerações inteiras se criaram à sombra de batalhas nucleares globais que, acreditava-se firmemente, podiam estourar a qualquer momento, e devastar a humanidade. Na verdade, mesmo os que não acreditavam que qualquer um dos lados pretendia atacar o outro achavam difícil não ser pessimistas,*

pois a *Lei de Murphy* é uma das mais poderosas generalizações sobre as questões humanas ("Se algo pode dar errado, mais cedo ou mais tarde vai dar"). À medida que o tempo passava, mais e mais coisas podiam dar errado, política e tecnologicamente, num confronto nuclear permanente baseado na suposição de que só o medo da "destruição mútua inevitável" [...] impediria um lado ou outro de dar o sempre pronto sinal para o planejado suicídio da civilização. Não aconteceu, mas por cerca de quarenta anos pareceu uma possibilidade diária.

Essa maneira de pensar afetou o mundo todo, mas, especialmente, as igrejas. É para refletirmos sobre esse período que colocaremos uma lupa sobre ele.

5.1 O populismo

Ao fim da Era Vargas, o seio político do Brasil estava marcado por um sistema de governo denominado *populismo*, que durou de 1945 até 1964. Esse balizamento temporal determina um período intenso de mudanças constantes em que o Brasil passou de uma nação que buscava sua independência política e social para um país que oscilava entre os EUA e a URSS. Essa oscilação deixou marcas que são percebidas até hoje. Por questões didáticas, abordaremos apenas as mudanças pelas quais passou a Igreja Católica e as demandas das igrejas protestantes – separando estas daquelas das igrejas pentecostais.

5.1.1 O catolicismo e o populismo

O catolicismo passou por importantes mudanças nesse período. A Igreja, que havia se reaproximado do Estado na Era Vargas, agora via novas correlações de forças expandirem-se no Brasil. Essas correlações eram vistas ora como benéficas, ora como problemáticas. Para entendermos melhor o período e suas implicações para os católicos, consideremos o texto a seguir:

> O período populista, por muito fecundo em desilusões que possa ter sido para as massas, não lhes foi inútil. Além do aumento do poder aquisitivo dos trabalhadores urbanos, trouxe-lhes outros benefícios também importantes, embora menos mensuráveis. Permitiu-lhes uma maior circulação das ideias, o debate ideológico, um princípio de tomada de consciência de classe. Do ponto de vista material criou algumas iniciativas no campo das oportunidades educacionais, beneficiando de maneira primordial as camadas inferiores das classes médias, e alargou as oportunidades de trabalho. Mas esta melhoria material chegou depressa aos seus limites. Para ultrapassá-los, seria necessário empreender reformas, cortar privilégios, escolher outros modelos de crescimento industrial, proceder a uma mudança social mais profunda do que a que a classe dirigente estava disposta a conceder. (Alves, 1979, p. 43-44)

Não é preciso muita reflexão para perceber que o cidadão comum havia mudado em relação à época anterior. Os brasileiros já haviam participado, embora em situações especiais, de uma guerra mundial e conheceram formas de pensar diferentes das suas. Com o crescimento econômico, a urbanização tornou-se real e as distâncias foram encurtadas. Astros de Hollywood habitaram o imaginário das pessoas, as novelas e as músicas no rádio tornaram-se passatempos diários. O novo brasileiro não aceitava facilmente a maneira de pensar estabelecida e exigia mudanças, não apenas no discurso mas também na prática. Isso levou a hierarquia católica a mudar seus discursos e suas práticas, buscando uma nova estratégia para não perder fiéis. O medo naquele momento não provinha da atuação dos protestantes ou dos pentecostais, mas da secularização, dos comunistas e dos ateus. "Só muito lentamente os documentos dos bispos começam a considerar a injustiça social como um obstáculo à expansão do catolicismo" (Alves, 1979, p. 45). Era chegado o momento de os católicos perceberem a necessidade de atuar para estancar as perdas que estavam ocorrendo. "Sofrendo a concorrência do marxismo nas classes médias e entre os intelectuais, ameaçada pela umbanda e pelos pentecostais junto às camadas populares das cidades, a Igreja Católica sente-se também ameaçada pela secularização de uma nova elite fascinada pela tecnocracia" (Alves, 1979, p. 50).

Por conta dessas questões, três reações tornaram-se importantes: 1) a atuação diante dos diversos agrupamentos políticos; 2) um discurso mais inclusivo; e 3) uma ação social mais intensa. Nessas três frentes, a Igreja perdeu um pouco de seu poder hierarquizante e partiu para a manutenção de seu tamanho e de sua influência no todo. Embora as decisões que levaram a essas mudanças tenham sido tomadas de cima para baixo, logo promoveram uma aproximação das bases com vistas à renovação. Essa aproximação ampliou o poder político católico, principalmente entre a classe média e os camponeses.

A Igreja Católica, a fim de viabilizar suas ações, ampliou o recrutamento de novos vocacionados e investiu em suas formações, nas quais estavam incluídas as ferramentas para que eles lidassem efetivamente com os perigos externos que a Igreja enfrentava.

Na área da comunicação, procurou-se divulgar a imagem de uma Igreja mais moderna, porém ancorada na tradição. Embora isso pareça incoerente, basta pensarmos que era preciso atrair os jovens e as pessoas secularizadas, mas sem perder o povo mais tradicional que ainda era maioria no interior do Brasil. Somando-se à nova linguagem adotada nas comunicações católicas, a Igreja buscava identificar-se com os diversos segmentos sociais que buscava atingir. Um bom exemplo é que no final do populismo, foi instaurada a Campanha da Fraternidade (em 1962), que visava conferir uma nova roupagem para a ação católica e que seria promovida anualmente durante a Quaresma.

Na área social, a Igreja passou a exigir do Estado a implantação de direitos para os trabalhadores, principalmente no que dizia respeito, no contexto urbano, à saúde, ao saneamento básico, à segurança e ao transporte coletivo. Essa atuação garantiu notoriedade aos padres e aos bispos, bem como a adesão daqueles que eram diretamente beneficiados com as mudanças nas cidades. Foi dada ênfase à criação de organizações que atuassem independentemente da Igreja Católica, mas que representassem seus ideais. "A Comissão Justiça e Paz de São Paulo, por exemplo, é uma sociedade civil de fins não lucrativos que legalmente nada tem a ver com a Igreja Católica" (Alves, 1979, p. 53). Essa estratégia buscava pulverizar as ações católicas de forma a parecerem presentes em todo o tecido nacional.

Além disso, a Igreja aplicou a educação para preparar novos cidadãos afeitos aos ideais católicos. A área da educação, que havia sido deixada de lado na República Velha, passou a ser reconsiderada, e essa atitude teve como resultado a implantação de grandes colégios de ordens católicas ainda hoje presentes nos centros urbanos e rurais. A educação foi ampliada também nos campos da alfabetização, com o propósito de atingir os mais carentes e excluídos da sociedade. Nesse caso, os resultados foram mais escassos, principalmente entre os movimentos pentecostais e as religiões afro-brasileiras. Outra área que desafiava a maneira de operar da Igreja Católica era a da sexualidade. "Delimitando no interior desta questão o aspecto da educação sexual vale salientar, entretanto, a identificação de 'brechas' que, já na década de 40, começavam a ser abertas na 'muralha de intransigência católica' (Alves,

1979, p. 8). Era possível encontrar, por exemplo, a obra do padre Álvaro Negromonte intitulada *A educação sexual*, publicada em 1940, que, embora mantivesse a postura conservadora da Igreja quanto à sexualidade, rompia o silêncio católico diante dessa temática. Além disso, a obra indicava os caminhos que prevaleceriam no discurso católico no tocante à atuação do Estado, exigindo leis mais inflexíveis contra a imoralidade e o "risco da família" representado pelo adultério e pelo divórcio.

No campo político, a Igreja passou a encarar esse espaço como uma possibilidade de transformar-se em agente da história, resgatando o papel que havia perdido desde a queda do Império no país. Vários agrupamentos políticos desenvolveram-se sob a sombra protetora do catolicismo, como o Partido Social Cristão, que visava atender às demandas da classe média e baixa sem abrir mão do discurso religioso católico. Tal mudança de paradigma

> *[...] despertou um novo sentimento de missão em numerosos jovens, membros da Ação Católica dos meios estudantis, e em algumas organizações da burguesia denominadas "meios independentes". O mesmo ocorreu com muitos padres e freiras, que descobriram um conteúdo insuspeitadamente rico nas suas vocações.* (Alves, 1979, p. 54)

Todavia, nem todos os setores católicos aderiram à pregação de um Evangelho voltado às questões sociais: dos setores conservadores, na década de 1960, nasceu a TFP, que mencionamos anteriormente. Fundada por Plínio Corrêa de Oliveira, a organização foi uma das responsáveis por dar legalidade ao golpe militar de 1964, que pôs fim ao regime democrático populista brasileiro, instaurando uma ditadura que durou cerca de 20 anos e deixou como rastro o alto endividamento da nação perante os mecanismos financeiros internacionais e um grande número de mortos e desaparecidos.

> Os grupos da direita católica trataram então de formar as suas próprias organizações e de fazer uma leitura seletiva dos documentos que, na Igreja local ou universal, fortalecessem a sua tendência. Procuraram restabelecer tradições e ritos bem como elaborar parâmetros políticos sobre os quais conferir a "ortodoxia" das declarações de bispos, papas e até do Concílio Vaticano II. (Alves, 1979, p. 55)

Esses agrupamentos dividiram a Igreja em duas alas: uma mais afeita à esquerda marxista, e outra mais próxima dos interesses norte-americanos e capitalistas. Essa divisão, longe de empobrecer a Igreja, garantir a ela uma efusão de produção teológica que unificou ainda mais o movimento católico, atraindo pessoas que se vinculavam profundamente com ambas as correntes. Foi um momento de reafirmação da fé católica no qual grupos de oração e estudo bíblico de veiculação capitalista reuniam-se para mostrar força diante dos movimentos advindos das Comunidades Eclesiais de Base (CEBs), que respondiam pela assimilação dos ideais marxistas pela fé cristã. Para completar a ação, "As revistas e as editoras católicas procuraram atrair a colaboração de jovens leigos, numa bem-sucedida tentativa de renovar os seus quadros intelectuais, a quem foram também oferecidos empregos nas 14 universidades católicas, instaladas nas principais cidades do país" (Alves, 1979, p. 55).

5.1.2 O Protestantismo e o populismo

Como explicitamos já no início deste capítulo, durante a Guerra Fria, o Brasil oscilou entre apoiar a URSS e os EUA. O protestantismo também não saiu ileso a essa dicotomia. Não obstante, foi o momento de um intenso crescimento desse movimento, em especial dos grupos pentecostais.

> *O protestantismo, já em sua terceira geração no Brasil, formara em seu seio uma juventude burguesa intelectualizada pelo acesso às universidades que foram surgindo no período anterior. Treinados para liderança em suas igrejas, esses jovens começaram a ter logo parte ativa nos quadros estudantis que formavam os centros acadêmicos nas escolas superiores e, assim, passaram a ver a realidade sob outro ângulo, ou melhor, voltariam suas faces para o mundo real. Perceberam o quanto suas igrejas estavam alheias ao que se passava fora de suas portas. Passaram a falar outra língua e se abriu um vazio entre eles e as lideranças eclesiásticas.*
>
> (Mendonça, 2005, p. 59-60)

Essas mudanças despertavam entre os membros dessas igrejas uma série de questionamentos à teologia norte-americana, adotada pela maior parte do movimento. O triunfalismo tornou-se objeto de debate e os fiéis passaram a buscar novas respostas para os sofrimentos humanos que não culpabilizassem apenas os desígnos dos céus. Em razão disso, começaram a oscilar entre uma aproximação com o comunismo ou com o capitalismo de Keynes, adotado pelos Estados Unidos. O ser humano e suas mazelas constituíram-se o mote principal nos discursos desses jovens. Não demorou para que o protestantismo, antes avesso a qualquer aproximação com a política, passasse a flertar com o poder, acreditando que, assim, poderia promover transformações sociais que favorecessem a expansão de sua mensagem. "Entre os anos de 1945 a 1948, chegaram a caracterizar o Partido Republicano Democrático/PRD como um partido protestante" (Lucena, 2012, p. 7). Como a maior parte dos agrupamentos protestantes de linha mais histórica tinha maior influência sobre a classe média, interessava fazer ascender pessoas a essa classe a fim de propiciar a elas uma melhor comunicação de sua mensagem. A esse respeito, Lucena (2012, p. 8) registra que:

> o discurso político protestante majoritário estava geralmente pautado nos ideais de democracia e ordem, assumindo um caráter muitas vezes direitista e geralmente reformista, não revolucionário. Some-se a isso o fato de que o protestantismo sempre nutriu reservas às expressões políticas de esquerda, e, não obstante, manteve oposições severas à ideologia comunista em particular.

Logo, mesmo quando houvesse questionamento sobre a ação política que a Igreja Protestante deveria seguir, prevalecia um posicionamento conservador e direitista.

> *A geração de 1960 percebe claramente o fracasso do modelo desenvolvimentista e, ante o nó górdio representado pelo entrelaçamento do ideal humanista e do capitalismo dependente, recorre à técnica de Alexandre Magno: desembainha a espada e corta o nó: liberdade, democracia, desenvolvimento tronam-se termos pejorativos; uma interpretação unilateral da "teologia da crise" e uma aplicação igualmente parcial da análise marxista alimentam o que chamarei, mais modestamente, de "estratégia de ruptura".* (Bonino, 2003, p. 26)

Liberal e **comunista** passaram a ser adjetivos negativos no meio protestante. A partir da década de 1940, os protestantes no Brasil podiam ser facilmente definidos em linhas teológicas – sem levar em conta as práticas pentecostais – como salvacionistas, milenaristas, fundamentalistas e reformistas.

5.1.2.1 O crescimento do pentecostalismo

"A explosão pentecostal teve como ponto de partida o movimento de 'tendas de cura divina' promovido pela Chamada Cruzada Nacional de Evangelização que alcançou o país todo" (Mendonça, 2005, p. 61). Esse movimento deu início a suas ações de abrangência nacional em São Paulo, a partir do ano de 1953, e fazia parte da Igreja do

Evangelho Quadrangular (IEQ). A principal mudança introduzida pelo movimento de tendas foi a ênfase na cura divina. Quatro princípios formam a base da IEQ: "salvação da alma, batismo com o Espírito Santo, cura divina e segunda vinda de Cristo" (Mendonça, 2005, p. 61). Esses princípios enquadravam-se no que vinha sendo pregado até então pela Igreja da Assembleia de Deus, mas a inclusão de uma bênção palpável, que envolvia a cura divina, atraiu para as igrejas evangélicas a classe menos favorecida da sociedade brasileira. Essa classe, que já sofria com a falta de proteção do Estado, via em Deus um ser capaz de atender às suas necessidades e de responder ao seu clamor. Por essa razão, o crescimento da igreja se deu concomitantemente à migração do campo que urbanizou o Brasil entre as décadas de 1950 e 1990.

Outro fato importante que ocorria no cenário nacional dessa Igreja era a libertação demoníaca. A ação divina passou a ser percebida também pela libertação da possessão de demônios, em situações e atitudes que antes eram consideradas como simples manifestações humanas. "A cruzada atingiu as igrejas tradicionais, bem como as pentecostais clássicas. Muitos pastores e leigos [...], influenciados pela nova prática religiosa, vieram a fundar várias igrejas no mesmo estilo" (Mendonça, 2005, p. 61). Assim, mesmo quando os quadrangulares não conseguiam expandir sua influência, afetavam positivamente a evangelização nacional, pois conduziam outros pastores à mesma experiência. Exemplos disso são as igrejas Presbiteriana Renovada, Batista Nacional e Deus é Amor. Embora essas congregações não derivem diretamente da IEQ, foram influenciadas pela experiência religiosa adotada inicialmente por essa denominação.

Podemos afirmar que o maior crescimento protestante ocorreu exatamente na década anterior à ditadura militar brasileira e estendeu-se até depois desta. Um bom exemplo disso é que o número de protestantes passou de 1,6 milhão, em 1952, para aproximadamente 4 milhões, em 1961. Esse desenvolvimento continuou, mas sem a mesma velocidade que apresentou no início dos movimentos de cura divina. Apenas no século XXI, com o advento das grandes igrejas estruturadas como empresas, conhecidas como *neopentecostais*, é que ocorreu um novo incremento no número de fiéis, assunto do qual trataremos mais adiante.

5.2 A ditadura militar

A Revolução Cubana, cuja principal data é 1º de janeiro de 1959, quando Fulgencio Batista foi deposto, inscreveu um novo contexto na Guerra Fria latino-americana. Pela primeira vez, uma nação próxima dos Estados Unidos experimentava uma revolta de modelo comunista. Os principais atores dessa revolução, Fidel Castro e Che Guevara, povoaram o imaginário dos jovens latinos e dos políticos norte-americanos. O medo de que o comunismo enfim se instalasse nas Américas assombrou tanto os Estados Unidos quanto as elites brasileiras. A reação norte-americana se deu com o embargo econômico a Cuba, no ano de 1962, e com o apoio às ditaduras latino-americanas. É importante ressaltarmos que, desde então, a ilha ficou sob domínio de uma ditadura, a qual perseguiu e eliminou vários de seus opositores. É grande o contingente de cubanos que saiu de seu país em decorrência desse quadro.

Quanto ao embargo norte-americano a Cuba, ressaltamos que, até esse momento, ele continua em vigor e representa grandes dificuldades à ilha. No que se refere às ditaduras que se estabeleceram na América Latina, elas ganharam imediatamente o apoio dos Estados Unidos, por meio da **Operação Brother Sam**, mesmo quando as constituições desses países provavam que essas ditaduras resultavam de golpes de Estado. Paraguai (1954), Argentina (1962), Brasil (1964), Peru (1968), Chile e Uruguai (1973), entre outras nações latino-americanas, experimentaram ditaduras de direita que se opunham às mudanças sociais buscadas pelo povo mediante governos de esquerda. Nos casos brasileiro e chileno, houve a deposição de presidentes eleitos democraticamente.

No Brasil, o período foi marcado por perseguições políticas, com várias pessoas expulsas do país, torturadas ou mortas. Esses crimes somente começaram a ser esclarecidos após a instituição da Comissão Nacional da Verdade (CNV), criada pela Lei n. 12.528, de 18 de novembro de 2011 (Brasil, 2011), e instituída em maio de 2012.

Outro fato importante experimentado pelo Brasil foi o aparente **milagre econômico**, fruto de imensos empréstimos concedidos pelos Estados Unidos para criar um clima de ufanismo entre os brasileiros. Várias grandes obras foram realizadas, como a hidrelétrica de Itaipu, a rodovia Transamazônica, a Ponte Rio-Niterói, a Rodovia dos Imigrantes, entre outras de gastos vultosos. Com elas, o povo passou a pensar que o país enfim tinha conseguido encontrar a solução para seus problemas. Na verdade, os empréstimos, mal empregados e com imensos desvios financeiros, causaram vários déficits na balança comercial e, por fim, implodiram a economia em uma inflação desenfreada que somente seria vencida após a redemocratização brasileira.

Esses acontecimentos tiveram impacto importante sobre as igrejas brasileiras, tanto a católica quanto as protestantes e as pentecostais. Suas teologias refletiam esse contexto histórico e suas práticas religiosas estavam carregados do posicionamento político adotado poe elas.

5.2.1 O catolicismo

O catolicismo sofreu uma grande mudança na segunda metade da década de 1960. Em primeiro plano, saiu fortalecido com a "vitória" da TFP. Esse movimento encontrou na Teologia da Libertação o seu oposto; contudo, graças à aproximação com o governo militar o movimento atraiu grande quantidade de integrantes da alta e da média burguesia, pois estava consonante ao projeto dessas duas classes, que viam na TFP a possibilidade de evitar a ascensão do comunismo em solo brasileiro, além da chance de estagnar e dissolver os projetos ligados às CEBs, que estavam começando a atrair pessoas das classes média e baixa.

Desde 1563, quando encerrou-se o 19º Concílio Universal da Igreja Católica, em Trento, vivia-se sob o estigma de uma teologia tridentina. Essa reunião eclesiástica reforçou o antagonismo entre católicos e protestantes. Um dos resultados práticos do Conselho foi o *Index Librorum Prohibitorum*, espécie de índice de livros proibidos. Na época, essa foi uma atitude bastante acertada do ponto de vista prático, pois o controle de publicações era relativamente fácil. No mundo do século XX, porém, isso seria inexequível, visto que a indústria editorial já permeava todo o tecido social mundial, principalmente em um contexto em que as distâncias pareciam reduzir graças às inovações tecnológicas, que também permitiam viagens e comunicações cada vez mais rápidas. Mesmo a atitude de discriminar as igrejas ditas *protestantes* já não tinha nexo em um mundo pós-guerra, em que se percebia o potencial destrutivo dos conflitos religiosos. Era preciso uma mudança, e ela veio com o **Concílio Vaticano II**.

Convocado em 25 de dezembro de 1961, por meio da bula papal *Humanae salutis* (Papa João XXIII, 1961), esse concílio visava atualizar as teologias católicas para um novo mundo. Nessa nova realidade revanchismos teológicos já não tinham lugar, o secularismo tomava conta das população, os dogmas estavam sujeitos a comprovação científica e nada adiantava a Igreja Católica ameaçar as pessoas com o Tribunal do Santo Ofício, ou Santa Inquisição, fortalecido em Trento. Era um mundo em que as descobertas científicas já não poderiam ser destruídas na fogueira ou ignoradas com a excomunhão.

Libanio (2005, p. 10) indica que esse concílio "volta o olhar para o que está surgindo de original, de diferente, que se distancia do comumente aceito até então. Como principal vantagem, provoca a dimensão criativa do ser humano". Além disso, busca dialogar com um indivíduo moderno, e não mais com um pré-moderno. Isso trouxe mudanças substanciosas para a Igreja brasileira.

Os teólogos perceberam no projeto das CEBs, que já estava em andamento, a possibilidade de fortalecimento da imagem da igreja. A aproximação com a Teologia da Libertação tornou-se natural, principalmente após o Concílio Vaticano II.

> As comunidades eclesiais de base (CEB's) são pequenos grupos organizados em torno da paróquia (urbana) ou da capela (rural), por iniciativa de leigos, padres ou bispos. As primeiras surgiram por volta de 1960, em Nísia Floresta, arquidiocese de Natal, segundo alguns pesquisadores, ou em Volta Redonda, segundo outros. De natureza religiosa e caráter pastoral, as CEB's podem ter dez, vinte ou cinquenta membros. (Frei Betto, 1985, p. 7)

Assim, as CEBs se aproximaram do povo para poder responder aos problemas por ele enfrentados. Não foram raras as CEBs que sofreram perseguições políticas durante a ditadura militar, mas essas perseguições não arrefeceram seu poder. Na verdade, somente o neoliberalismo do final do século XX foi capaz de diminuir o poder de ação das CEBs. Nesse novo contexto, emergiu um evangelho triunfalista, que permite a manutenção do consumo, e não a conscientização do homem.

Na percepção do Frei Betto, um dos maiores entusiastas das CEBs no Brasil, esses grupos tiveram um papel importante no enfrentamento do poder ditatorial brasileiro. "Nesses anos de regime militar no Brasil, os membros das comunidades de base têm participado ativamente da oposição popular. Muitos foram presos e torturados; alguns, assassinados pelas forças repressivas do poder político e/ou econômico" (Frei Betto, 1985, p. 8).

Na verdade, vários partidos de oposição ao poder hegemônico da classe burguesa foram formados nas salas de reunião das CEBs. Aos integrantes dessas comunidades, cabia não apenas identificar a salvação para o futuro escatológico mas também uma libertação que começava naquele momento, mediante a conscientização e a participação de cada um. O foco passou de uma teologia contemplativa e escatológica para uma teologia participativa e engajada, preocupada com as dificuldades humanas. As CEBs tiveram ainda outro papel importante: a atuação da Pastoral da Criança, fruto do projeto e filiada à Conferência Nacional dos Bispos do Brasil (CNBB), que atuou diretamente na redução da mortalidade infantil em todo o Brasil, recebendo prêmios do Fundo das Nações Unidas para a Infância (Unicef) e de outras entidades internacionais. Os voluntários que atuavam nesse projeto, na época, eram, em sua maioria, advindos das comunidades eclesiais.

Com a ditadura militar, o Brasil passou a experimentar uma explosão do crescimento das cidades, graças ao aumento do êxodo rural. As CEBs foram uma forma de evitar que a evasão de fiéis ocorresse naqueles tempos. A ida para a cidade representava uma ruptura com a comunidade em que os católicos viviam, mas, mesmo nos locais mais carentes, era sempre possível encontrar um grupo disposto a receber novos membros. Nesse mesmo sentido, a Igreja

Católica priorizou a alfabetização e a articulação social como formas de intervir junto aos mais necessitados. A base de raciocínio do movimento era: ver, julgar e agir. Assim, as CEBs abriam-se para ver novas ideias, julgar se elas eram corretas e partir para a ação, em vez de se limitar ao discurso. Esse foi o momento da opção pelos mais pobres, vista como o exemplo de Jesus Cristo sendo levado a cabo pela Igreja à época. O principal problema do movimento era não conseguir atingir as camadas mais abastadas da sociedade e ser interpretada como uma corrente comunista pelos líderes militares.

5.2.2 O ecumenismo

Além da opção pelos mais pobres, outro impacto causado pelo Concílio Vaticano II nos rumos da Igreja Católica, mas com resultados fora dela, foi o **ecumenismo**. Nesse movimento, inspirado tanto pelos ideais do Conselho Mundial de Igrejas quanto nas decisões do Concílio Vaticano II, buscou-se uma reaproximação com a corrente protestante evidenciando-se, em primeiro lugar, as semelhanças entre ambas as igrejas e, em segundo lugar, identificando-se as diferenças entre elas. Entre as denominações protestantes com maior aderência estão os metodistas, os luteranos, os anglicanos e os presbiterianos. As igrejas pentecostais, batistas e congregacionais sempre tiveram uma atitude mais refratária a essa aproximação.
"O termo **ecumenismo** provém do grego *oikiumene*, que, por sua vez, encontra sua raiz no substantivo *oikós* (casa, habitação) e no verbo *oikein* (habitar)" (Hortal, 1989, p. 15, grifo do original). Desse conceito, buscou-se construir na fé um lugar comum em que todos pudessem viver em harmonia.

Considerando-se os conceitos de sociedade ideal do século XX, cria-se que todas poderiam trabalhar para um só Senhor, sem priorizar placas eclesiásticas ou bandeiras denominacionais. Esse sonho buscava consubstanciar-se em uma "Igreja universal, que se manifesta na diversidade das confissões cristãs empenhadas na construção de uma unidade maior" (Hortal, 1989, p. 17). Dessa forma, o ecumenismo passou a representar uma experiência sem precedentes na história. Antes dele, a unidade era vista como um padrão que deveria ser seguido, e o diferente deveria ser retirado de perto. Após o ecumenismo, o diferente passou a ser visto como parte dinâmica que cria e recria a existência humana, uma dinâmica dialética essencial para o crescimento da humanidade.

> Sua novidade radical funda-se no fato de que as Igrejas confrontadas em diálogo – superada já a etapa da polêmica – mantêm viva a convicção de que não se esgotaram as possibilidades na intelecção do mistério que pressupõe a realidade eclesial das outras comunidades cristãs. Por esse motivo, ele contradiz de maneira frontal a teoria de que tudo está dito e experimentado na Igreja e na teologia. (Navarro, 1995, p. 13)

Assim, substituiu-se o debate pelo diálogo, a certeza pela abertura de conhecer o outro, o exclusivismo pelo comum. Talvez por essa razão muitos protestantes fundamentalistas ligavam o ecumenismo ao comunismo. Este exigia que as igrejas não por um valor ecumênico, mas por um entendimento político que considerava que as diversas visões religiosas deveriam ser unidas ou não existirem.

"As notórias dificuldades da jornada ecumênica levantam pergunta, se as Igrejas de fato, atribuem à palavra 'ecumenismo' o mesmo significado. Sabidamente, os tempos da euforia ecumênica passaram. O caminho se revelou sendo árduo e pedregoso" (Brakemeier, 2001, p. 196). Nesse sentido, o ecumenismo passou por sua fase de maior empolgação, terminou o século XX em crise e, no início do século XXI, tem provado ser menos exequível do que se esperava. O resultado disso é que hoje os ecumenistas não são mais o centro da atenção das igrejas e a ordem básica é a de cada uma cuidar de seu próprio rebanho. Talvez este seja o primeiro problema experimentado pelo ecumenismo: as igrejas que a ele aderiram tiveram pouco crescimento em uma época em que vários outros grupos cristãos tiveram expressivo crescimento. Outra dificuldade observada foi a tentativa de um diálogo inter-religioso. Um caminho que vem sendo observado pelos adeptos do ecumenismo envolve a substituição do aspecto teológico pela práxis, pois

> *a ênfase na práxis abre novas perspectivas.* Desprende o ecumenismo da tradição dogmática das Igrejas, concentra a atenção nos desafios da atualidade, transfere a iniciativa dos especialistas em teologia ao povo de Deus envolvido nas lides do cotidiano. Busca critérios não somente a partir da tradição, e sim, da vocação da Igreja. (Brakemeier, 2001, p. 202, grifo do original)

Dessa forma, a unidade da Igreja deixaria de ser um fim em si mesma e se tornaria o meio para a realização das ações do Reino de Deus na Terra. Essa é uma possibilidade de continuar-se o diálogo ecumênico, mas ele ainda esbarra nos dogmas das igrejas participantes e no sentimento de superioridade manifestado por vários grupos religiosos que se acham donos da verdade.

5.2.3 O evangelicalismo

Os protestantes atravessaram outra fase importante no período da ditadura militar. O termo *protestante* começou a ser usado apenas no âmbito científico, pois os grupos passaram a ser designados mais comumente de *evangélicos*. Embora o termo já fosse adotado anteriormente, nesse momento ele se difundiu, substituindo em muitos lugares o adjetivo *crente*, usado muitas vezes de forma pejorativa. O vocábulo *crente* ainda é empregado, mas cada vez mais cai em desuso.

Os movimentos evangélicos dividem-se em **tradicionais** e **pentecostais**. Por esse motivo, neste momento, abandonaremos o termo *protestante* e adotaremos somente – o termo *evangélico*. Por questões conceituais, o estudo do período da ditadura militar será dividido entre evangélicos tradicionais e evangélicos pentecostais.

5.2.2.1 Os evangélicos tradicionais

Um importante grupo evangélico tradicional aderiu à Teologia da Libertação.

> Em 1969, o teólogo presbiteriano brasileiro, um dos participantes da conferência [1], Rubem Alves, publica sua tese de doutorado nos Estados Unidos intitulada A Theology of Human Hope. Essa obra só saiu em português em 1987 com o título Da Esperança depois de ter sido publicada antes em outras línguas. (Mendonça, 2005, p. 63, grifos do original)

A associação à Teologia da Libertação, que poderia ter rendido muitos aspectos positivos à teologia evangélica, acabou tolhida por parte das alas mais conservadoras da Igreja. Como a origem da maior parte dos evangélicos, pentecostais ou não, no Brasil, é norte-americana, tornou-se notória a adoção da visão anticomunista dos Estados Unidos. Assim, vários dos precursores da Teoria da Libertação no meio evangélico foram perseguidos e não raramente entregues nas mãos dos militares.

A pressão fundamentalista externa, representada pela presença cada vez maior das chamadas *missões paraeclesiásticas*, ou *missões*

---

1 Trata-se da "**Conferência do Nordeste**, que teve como tema 'Cristo e o Processo Revolucionário Brasileiro', realizada de 22 a 29 de julho de 1962 na cidade do Recife" (Mendonça, 2005, p. 62, grifo nosso), uma reunião de estudos promovida pelo Setor de Responsabilidade Social da Igreja da Confederação Evangélica (Mendonça, 2005).

de fé, e as concepções ainda visíveis do macartismo provocaram o expurgo progressivo da ala dita *liberal* ou *modernista* das igrejas, formada por estudantes universitários, seminaristas e jovens pastores (Mendonça, 2005).

Foi um momento de recepção de missionários norte-americanos sem precedentes na história evangélica brasileira, cabendo ressaltar que muitos deles voltaram para os Estados Unidos após a redemocratização. A adoção de uma teologia fundamentalista de cunho escatológico tornou-se patente.

Tradicionalmente, os evangélicos mantêm o princípio da separação entre a Igreja e o Estado, porém, no período que ora estudamos – 1964 a 1986 –, tal princípio era apenas um argumento doutrinário e retórico, pois, na prática cotidiana, densas articulações e barganhas políticas permeavam a trajetória dos evangélicos no Brasil.

Cabe ressaltarmos, em primeiro lugar, que nenhum evangélico, de qualquer denominação, esboçou qualquer crítica ao golpe militar que ocorreu em solo brasileiro. Na verdade, alguns grupos declararam apoio ao golpe e demonstraram certa tranquilidade diante dele. Um exemplo disso pode ser visto no trecho a seguir, retirado do jornal *O Batista*, órgão oficial dos batistas brasileiros.

> *Os acontecimentos políticos militares de 31 de março e 1º de abril que culminaram com o afastamento do Presidente da República vieram, inegavelmente, desafogar a nação. [...] O presidente que estava fazendo um jogo extremamente perigoso foi afastado. A democracia já não está mais ameaçada. A vontade do povo foi entendida e respeitada. Porque é preciso que se diga que o povo brasileiro pela sua índole, pela sua formação, repele os regimes totalitários e muito particularmente o regime comunista.* (J. R. P., 1964, p. 3)

O estranho nesse texto é o fato de que ele apoia um regime totalitário, porém da direita tecnocrata. Por isso, a visão batista de democracia deve ser entendida de outra forma: um regime em que o direito de culto fosse preservado. Com grande influência norte-americana, os batistas brasileiros acabaram abraçando os ideais dos Estados Unidos, aderindo ao anticomunismo e apoiando qualquer grupo que assim pensasse.

Os EUA eram a "utopia implícita do protestantismo brasileiro", como asseverou o presbiteriano Rubem Alves (1979, p. 239). Os americanos abominavam o comunismo e, na ótica dos batistas e dos protestantes em geral, os EUA chegaram ao progresso material e cultural em decorrência dos princípios evangélicos e democráticos. (Zachariadhes, 2009, p. 37)

Como a maior parte dos evangélicos brasileiros tinha nos missionários norte-americanos seus ícones inspiradores, seguiu a lógica: "o que não é bom para os Estados Unidos não é bom para o Brasil, num completo alinhamento ideológico que passava pelos sermões e púlpitos dos missionários norte-americanos batistas" (Zachariadhes, 2009, p. 38*)*. Muitos sermões proferidos por esses missionários salientaram o viés profético da ação dos militares ao proteger os brasileiros do perigo vermelho. Foi nesse período que os batistas brasileiros adotaram a campanha **Cristo é a única esperança**, numa indicação clara da necessidade de transformar o Brasil – que, segundo eles, só poderia mudar com Jesus Cristo. Nessa campanha, as visitas ao governo militar tornam-se constantes e a presença dos militares em cultos era marcada por elogios. "A pseudo omissão política dos irmãos desvelou-se publicamente: não só legitimavam o regime militar, mas passaram a colaborar com as instâncias governamentais e a pleitear, num jogo de intensas barganhas, cargos e postos políticos em nível federal, estadual e municipal" (Zachariadhes, 2009, p. 40).

Foi nessa direção que os demais evangélicos brasileiros seguiram, em especial os presbiterianos e os metodistas; estes com a ressalva de estarem mais engajados em projetos sociais e ecumênicos e com uma decisão de silenciar diante do golpe. "As notas, as reflexões de cunho teológico, as notícias enviadas das igrejas e outras formas de expressão demonstram ambiguidades quanto ao novo momento social e político do País na década de 1960. Alguns compreenderam o golpe como um retrocesso, outros como alternativa à crise" (Almeida, 2009, p. 55).

Após a concretização do golpe, a postura dos metodistas foi manter silêncio, prevalecendo o bom senso diante do governo ditatorial. Dessa forma, a desarticulação desse grupo dos processos sociais e políticos foi gradual e tendeu à letargia. Essa apatia, contudo, não pode ser entendida como neutralidade, pois o grupo sempre privilegiou o discurso dos militares, incluindo em seus sermões uma posição de separação entre a Igreja e o Estado, mas sempre coibindo qualquer crítica feita ao regime em vigor.

> Se a maioria da população se declarava cristã, essa maioria corria perigo ante o avanço do comunismo. Os problemas, dessa forma, não residiam na figura do chefe do executivo ou nas letras das reformas, mas na ideologia que as sustentavam. Sutilmente, os conservadores desviavam o foco de suas investidas, ao alardearem que as reformas não chegavam a ser um problema, mas sim o comunismo embutido em seus princípios.
> (Almeida, 2009, p. 57)

Assim, as lideranças passaram a demonizar o governo de João Goulart por conta de suas ideias e a exaltar os militares como a força do equilíbrio e da retomada da normalidade e da ordem, que, para bons brasileiros que eram, conduziria inexoravelmente ao progresso.

Os presbiterianos e batistas seguiram uma rota menos neutra e mais clara. No caso presbiteriano, devido ao amplo crescimento da Teologia da Libertação em seu meio, principalmente por meio de seus seminários, essa Igreja tornou-se uma agência de cooperação com a ditadura, com "a colaboração de vários pastores como agentes da Polícia Federal e de outros órgãos repressores, bem como o serviço de delação prestado por vários irmãos às autoridades militares, acusando seus próprios irmãos de subversivos" (Zachariadhes, 2009, p. 40-41).

Ao contrário dos metodistas, que não conseguiram apoio por conta de apenas demonstrarem neutralidade, os batistas e os presbiterianos, por apostarem no apoio à ditadura, tiveram ganhos importantes que lhes renderam resultados bastante diversos. Os batistas tornaram-se o ramo tradicional dos evangélicos que mais cresceu no período ditatorial; e os presbiterianos experimentaram um enriquecimento sem igual. Isso se deve ao fato de que a maior parte dos seminaristas estava sendo formada dentro do anticomunismo nos seminários batistas, enquanto os presbiterianos aderiaram ao marxismo em suas teologias. Logo, o regime trouxe maior perda de teólogos e de líderes aos primeiros do que aos segundos.

5.2.2.2 Os evangélicos pentecostais

Existe uma grande lacuna no estudo dos grupos pentecostais durante o período da ditadura militar. Infelizmente, pouca pesquisa tem sido desenvolvida nessa área, apesar de ter sido exatamente nesse período que os pentecostais alcançaram maior crescimento numérico, que continuou após a queda da ditadura militar. Portanto, nossa abordagem fundamenta-se em fatos comprováveis desses agrupamentos e várias inferências serão realizadas por meio de dados históricos e urbanísticos das cidades brasileiras nesse período.

Em primeiro plano, as denominações pentecostais não experimentaram, de forma relevante, os conflitos com o pensamento marxista como as igrejas tradicionais. Os grupos que haviam se ligado ao pentecostalismo não eram advindos das camadas mais elevadas da sociedade nem pertencentes aos pensadores universitários da época. Isso se deve ao fato de que, na década de 1960, as igrejas pentecostais viam seu contigente crescer graças à incorporação de pessoas mais simples e de migrantes do interior da nação. Se, por um lado, isso trazia dificuldades financeiras às recém-formadas igrejas, por outro, salvaguardou esses movimentos dos conflitos experimentados pelos evangélicos tradicionais. É importante ressaltarmos que algumas pessoas que frequentavam as igrejas evangélicas tradicionais eram advindas das camadas mais abastadas e, até mesmo, letrada, mas estas não eram a maioria do movimento antes do início da ditadura militar.

Outra questão a ser destacada refere-se à conjuntura nacional. Com a ditadura, a industrialização teve um significativo impulso no Brasil, em grande parte graças ao protecionismo proporcionado pelas barreiras alfandegárias brasileiras. Além disso, o governo distribuía crédito farto aos empresários que decidissem expandir seus negócios e tornou-se o maior comprador de produtos do mercado, o que garantia boas vendas aos produtores. Todos esses fatores garantiam grandes lucros para os empresários, mas criaram problemas que ainda podem ser sentidos no país, pois provocaram uma baixa eficiência da indústria nacional. Quando o mercado foi reaberto, após a redemocratização, muitas empresas não conseguiram sobreviver à concorrência e decretaram falência ou se fundiram aos concorrentes, criando uma onda de novas empresas no mercado nacional.

Além da industrialização, é preciso citar a mecanização do campo: com a adoção de tratores, colheitadeiras, secadoras e processadoras de grãos, muitos trabalhadores perderam o emprego no campo e foram buscar novas condições de vida nas cidades. Esses trabalhadores eram em sua maioria convertidos aos movimentos pentecostais no período. Pessoas que chegavam à cidade grande, desarraigadas de suas origens, com problemas de autoestima e familiares, que já não viam esperanças em suas vidas, conseguiram encontrar na igreja um espaço de reconstrução de vida. Nesse aspecto, as igrejas pentecostais atuavam tanto como agências do Reino de Deus na Terra como espaços de convivência e de proteção social para as pessoas que estavam fragilizadas.

Em um Brasil bastante precário, tanto na saúde como na educação, as pessoas doentes ganhavam, com a esperança de um milagre, a possibilidade de seguirem com suas vidas. Precisavam de um Deus que fosse não apenas discurso mas também alguém atuante e disposto a ajudar o fiel. Essas foram as principais razões pelas quais as igrejas pentecostais conseguiram crescer exponencialmente durante esse período.

Como a Guerra Fria estava em alta e havia constante medo de um holocausto atômico causado pela guerra entre as duas potências mundiais, a teologia dessas igrejas incorporou aspectos escatológicos que indicavam a volta iminente de Jesus Cristo. Esse apelo milenarista constituiu-se mais um elemento importante que auxiliou no crescimento numérico e quantitativo de líderes e pastores pentecostais. Impulsionados pela certeza da urgência em revelar a obra de Deus, esses religiosos pregaram em várias cidades onde não havia evangélicos, tornando-se fontes de expansão dos movimentos pelo interior do Brasil, bem como, nas cidades grandes, em bairros cada vez mais distantes. O resultado foi a contínua expansão desses movimentos, atingindo números bastante expressivos na sociedade brasileira.

Alguns dados merecem maiores investigações, como o grande número de pastores assembleianos de origem militar, principalmente no Rio de Janeiro, ou o fracionamento dos movimentos pentecostais em diversos agrupamentos eclesiásticos. Essa é uma área de pesquisa com muito a revelar sobre a identidade do pentecostalismo no Brasil. Para isso, torna-se necessária a dedicação de pesquisadores interessados sobre o tema.

5.3 A redemocratização

A redemocratização brasileira ocorreu com o enfraquecimento do regime militar e a desconstrução das bases em que a ditadura foi estabelecida. A queda do Muro de Berlim, o fracionamento da URSS, o fim do socialismo como oposição ao regime norte-americano, a crise do sistema econômico brasileiro, a adoção do neoliberalismo, o surgimento da pós-modernidade, entre outros aspectos históricos, levaram o Brasil ao desejo de encerrar o governo militar e exigir a volta da democracia.

As eleições de 1985 foram o primeiro passo na direção dessa conquista, porém as condições para essa volta da democracia já estavam traçadas desde a assinatura da lei que determinou anistia ampla, total e irrestrita, que permitiu o retorno ao país de presos políticos, deportados e exilados, que comporiam as chapas contrárias ao partido que apoiava o regime militar. Todavia, essa anistia também isentou todos os militares responsáveis por torturas e violências durante o regime que estava acabando, ou seja, os responsáveis pelas atrocidades do período militar ficaram completamente impunes. A única reparação para os torturados e as famílias dos mortos tem sido a financeira, concedida pelo governo após prova de que a pessoa teve seus direitos violados pela ditadura[2].

Concomitantemente à redemocratização, o Brasil experimentou a chegada de dois movimentos internacionais que impactaram profundamente a Igreja, a **pós-modernidade** e o **neoliberalismo**.

A pós-modernidade é fruto direto do acaso das ideologias modernas como o comunismo de Karl Marx, o capitalismo liberal de Adam Smith, o nacionalismo, entre outras ideologias típicas do século XX. Essa queda foi acelerada pelo surgimento da internet, que modificou comportamentos ao tornar as distâncias menores e a comunicação mais rápida, formando-se, então, uma aldeia global. Essas mudanças de comportamento levaram o ser humano a relativizar tudo o que aprende e a questionar verdades estabelecidas. Os relacionamentos tornaram-se líquidos e descartáveis. O consumismo atingiu todas as esferas da vida. As pessoas passaram a consumir tudo, desde produtos até relacionamentos. E, como o consumo implica necessariamente o descarte, tudo passou a ser considerado descartável. Os problemas climáticos e sociais se agravaram com o aumento da produção de lixo.

O neoliberalismo veio como solução para ampliar a capacidade de aquisição de mercadorias, mas descartou o ser humano, tornando-o um produto que segue as leis de mercado. Com as constantes crises econômicas e, em especial, com a crise de 2008, todo o sistema passou a ser questionado, mesmo que nenhum pensador saiba indicar exatamente para onde se deve seguir, pois os valores absolutos foram derrotados com a pós-modernidade. A sociedade atual não tem uma direção clara, ou propostas diretas, e está em constante mutação.

---

2   Para melhor compreender esse assunto, sugerimos o *site* do grupo de trabalho Comissão Nacional da Verdade (CNV), disponível em: <http://www.cnv.gov.br/>.

A consequência desse cenário foi a secularização da sociedade, com reflexos diretos sobre a Igreja. Para lidar com esses problemas, as igrejas evangélicas fizeram uso de várias estratégias. No próximo capítulo, comentaremos duas dessas estratégias, o fundamentalismo e o neopentecostalismo.

De qualquer modo, na década de 1980, o Brasil viu difundir-se um movimento ainda pouco conhecido, as comunidades evangélicas. Sobre elas, os estudos também são escassos, principalmente por sua característica local e de independência. Sua origem perpassa a tentativa de criar um projeto eclesiástico menos hierárquico, voltado ao louvor e à adoração, com o objetivo de estabelecer um discipulado profundo e uma relação mais estreita entre a liderança das igrejas e os liderados. Infelizmente, muito do ideário inicial dessas comunidades foi perdido com o tempo, chegando a existir comunidades que se transformaram em denominações extremamente hierárquicas.

Quando os jovens norte-americanos da **geração Woodstock** chegaram à maturidade e o sonho *hippie* esmaeceu, as pessoas passaram a procurar um local para reconstruir suas vidas. Nos Estados Unidos, as igrejas ainda viviam de um modo bastante distante da realidade dessa geração, o que provocou o surgimento de movimentos alternativos, cujas características mais importantes são a música e a convivência.

No caso brasileiro, os movimentos importaram os modelos norte-americanos e cativaram os jovens e os adolescentes, além dos empresários, que viam neles um espaço alternativo em que não havia as barreiras comuns às demais denominações. Essas comunidades tinham o importante atrativo de serem completamente diferentes da ditadura contra a qual haviam lutado. Outras igrejas mais hierarquizadas eram facilmente identificáveis com o regime militar. A quebra de barreiras foi reforçada pelo fato de que os pastores sentavam junto dos membros no horário de culto, e não em uma cadeira especial, no púlpito. O louvor era acompanhado pelo *rock and roll* e tinha uma disciplina menos rígida. Aliás, as comunidades mostravam que o Espírito Santo poderia manifestar-se sem a necessidade de que usos e costumes fossem adotados. Havia ali a ideia de um Deus mais acessível, pois agora era experimentado nos cultos e nos grupos de discipulado por todos os membros, e não apenas pela liderança ou pelos indivíduos mais espiritualizados. Jovens de diversas origens religiosas passaram a frequentar esses movimentos. Havia, porém, um fator de ligação entre seus participantes: a maior parte deles vinha das classes média e alta, eram escolarizados e abertos à influência dos lançamentos tecnológicos. Eram jovens dinâmicos e, em sua maioria, com algum conhecimento de Deus, obtido por meio de seus pais e parentes ou do contato com as igrejas tradicionais durante a infância. Os movimentos, por atingirem prioritariamente as classes média e alta, representaram grandes perdas para as igrejas evangélicas tradicionais. Já as igrejas pentecostais, como tinham pouca penetração nesses segmentos sociais, tiveram perdas bem menos significativas.

Infelizmente, a continuidade desses movimentos partiu para outro caminho, com a retomada e o reforço da hierarquia interna, diminuição da ênfase no discipulado, e reestruturação das comunidades para receberem os filhos dos seus primeiros membros, que agora estavam envelhecendo. Algumas dessas comunidades perderam até mesmo o apelo de igreja local e adotaram rígidas hierarquias denominacionais. Para evitar a perda de mais membros, aderiram ao neopentecostalismo, reforçando a teologia da prosperidade. Poucas comunidades ainda mantêm firme seu DNA, mas hoje essas igrejas já não têm a força de outrora. O público que elas recebiam mudou, assim como a própria visão sobre essas igrejas.

Outra questão importante a ser ressaltada refere-se ao fato de que essas comunidades, por não serem denominações estabelecidas, abriram caminho para o diálogo interdenominacional. Esses grupos promoveram vários cafés da manhã por todo o Brasil com o objetivo de aproximar seus líderes. Nem todas as igrejas conseguiram estreitar relações com as outras, mas muitas barreiras denominacionais foram vencidas e alguns diálogos realizados. Ainda hoje, podem ser percebidos frutos desse exercício inicial, como a Marcha para Jesus, que sempre teve nas comunidades evangélicas suas maiores defensoras.

Outros movimentos chegaram ao contexto brasileiro no período, da redemocratização como a Associação de Homens de Negócios do Evangelho Pleno (Adhonep), que visava evangelizar e apoiar empresários com vistas ao exercício cristão nos negócios. Organização paraeclesiástica e interdenominacional, a Adhonep segue seu trabalho até os dias de hoje. Em um mundo em transformações econômicas advindas do neoliberalismo e da concorrência externa, a instituição demostrou sua importância ao atrair para o cristianismo muitos empresários, logrando a conversão de vários deles. Esse é um tema que também carece de uma interpretação mais aprofundada, dada a importância da organização na transição entre os séculos XX e XXI.

Síntese

Neste capítulo, analisamos como a Guerra Fria – o embate entre os Estados Unidos (capitalista) e a União Soviética (socialista) – influenciou o comportamento da sociedade brasileira, em especial sua relação com as igrejas cristãs. Como o reflexo de um mundo polarizado entre as duas superpotências, o Brasil viveu, entre 1945 e 1964, um regime político chamado de *populismo*, que ora tendia para os Estados Unidos, ora para a União Soviética. Isso forçou cada agrupamento cristão a posicionar-se diante das mudanças que se apresentavam.

A Igreja Católica Romana colocou-se inicialmente contra o marxismo, que ganhava simpatia das classes médias e dos grupos intelectuais. E, perante os desafios desse período, adotou três posicionamentos: atuação junto aos diversos a grupamentos políticos, adoção de um discurso mais inclusivo e realização de uma ação social mais intensa. Com isso, o catolicismo buscou atrair e capacitar novos vocacionados, e seus bispos tornaram-se conhecidos pelas demandas de direitos aos trabalhadores. Para manter-se em evidência, a Igreja Católica promoveu o fortalecimento da educação católica e da família cristã. Durante esse período, a instituição foi **influenciada tanto pela criação do movimento Tradição Família e Propriedade (TFP)**, ligada aos setores mais conservadores do catolicismo, quanto pelo nascimento das Comunidades Eclesiais de Base (CEBs), mais afeitas à esquerda marxista.

Por sua vez, o protestantismo aproximou-se da política, assumindo um caráter muitas vezes direitista e geralmente reformista, não revolucionário. Essa vertente cristã buscou promover a ascensão social dos fiéis da classe média e apresentou um momento de crescimento intenso dos pentecostais, por meio das tendas da cura divina, da pregação da cura divina e da realização da expulsão de **demônios dos fiéis.**

Ao período populista, seguiu-se a ditadura militar. Nessa fase da história brasileira, a Igreja Católica sofreu com o embate entre a **Teologia da Libertação e a TFP.** Por influência do Concílio Vaticano II (1962-1965), ela aproximou-se do povo, fortalecendo as CEBs, e também procurou dialogar com outros agrupamentos cristãos no movimento conhecido como *ecumenismo*.

Os adeptos do protestantismo, por sua vez, tornaram-se mais conhecidos como *evangélicos*. Muitas denominações desse grupo optaram por seguir uma ideologia anticomunista e favorável aos Estados Unidos. Os evangélicos das igrejas tradicionais escolheram professar uma teologia fundamentalista de cunho escatológico, enquanto os evangélicos pentecostais ocuparam-se das pessoas simples e incorporam na sua teologia a certeza da iminente volta de Jesus Cristo.

Por fim, o período pós-ditadura, conhecido como *redemocratização*, assistiu à ascensão das comunidades evangélicas. Baseadas no louvor, elas atraíram imensas massas de jovens à fé cristã.

Indicação cultural

HOBSBAWN, E. **Era dos extremos:** o breve século XX – 1914, 1991. Tradução de Marcos Santana. 2. ed. São Paulo: Companhia das Letras, 1995.

Esse livro trata da Guerra Fria mediante a ótica de um dos mais aclamados historiadores do período. Em sua análise, Hobsbawn busca compreender a mentalidade que permeia o imaginário das pessoas que viveram esse período da história, indicando como a política e os conflitos mundiais contribuíram para a formação de uma sociedade bipolar.

Atividades de autoavaliação

Questões para revisão

1. É correto afirmar que a Guerra Fria foi:
   a) um conflito armado que ocorreu numa região do Alasca que terminou com a vitória dos Estados Unidos sobre a Rússia.
   b) o início de uma guerra biológica que somente acabou por causa da ação da Organização das Nações Unidas (ONU).
   c) um conjunto de disputas políticas, econômicas, ideológicas e militares travadas entre EUA e URSS.
   d) um retrocesso tecnológico por causa dos imensos gastos nas guerras entre as grandes nações da Terra.

2. Os evangélicos, no período da Guerra Fria, adotaram uma teologia com forte tonalidade fundamentalista e escatológica. O que motivou essa escolha foi:
   a) a sensação de que o mundo poderia deixar de existir a qualquer momento devido às tensões provocadas pela Guerra Fria.
   b) a certeza de que Jesus Cristo estava voltando, por causa de profecias trazidas por importantes líderes religiosos da época.
   c) a incerteza sobre a razão de existir da Igreja cristã diante de um mundo que não desejava seguir o bem pregado pela Bíblia.
   d) a confiança de que as profecias bíblicas já haviam se cumprido e de que a volta de Jesus Cristo era iminente, cabendo à Igreja estar sempre preparada.

3. Diante do populismo, a Igreja Católica:
   a) passou a exigir do Estado a implantação dos direitos dos trabalhadores, ampliou o recrutamento de novos vocacionados e investiu na educação para preparar cidadãos afeitos aos ideais católicos.
   b) teve uma atitude tímida em relação aos demais agrupamentos religiosos, o que resultou na perda de grande contingente de seguidores, embora tenha atuado na área da saúde pública por meio da inauguração de imensos hospitais.
   c) não se envolveu em ações sociais com receio de criar conflitos com o Estado.
   d) adotou a postura de igreja politicamente ativa, buscando ocupar espaços no Estado. Organizou um partido político, o Partido Trabalhista Brasileiro (PTB), com o qual conseguiu ampla maioria no Congresso. Assim, votou várias leis de seu interesse.

4. Sobre o crescimento dos grupos pentecostais, assinale a alternativa correta:
   a) Desde o início, os pentecostais tiveram como principal característica atingir as camadas mais altas e cultas das cidades. Essa atuação trouxe um crescimento tímido ao movimento.
   b) Os pentecostais sempre tiveram um crescimento formidável, desde sua chegada ao Brasil até a República Velha. Tal realidade tem como motivo o fato de que a cura divina sempre foi a principal mensagem adotada por esse agrupamento religioso. Como o povo era muito doente no país, havia espaço para esse tipo de pregação.

c) Os pentecostais se dedicaram principalmente à educação e à saúde. Dessa forma, inauguraram grande quantidade de escolas, universidades e hospitais.

d) O grande crescimento pentecostal tem como início as tendas de cura divina. Esse movimento da Igreja do Evangelho Quadrangular começou em São Paulo, em 1953, e espalhou-se por todo o Brasil.

5. Quanto à relação entre a ditadura e os agrupamentos cristãos presentes no Brasil, assinale V nas afirmativas verdadeiras e F nas falsas:

( ) A primeira tese de doutorado sobre a Teologia da Libertação foi publicada por um pastor protestante, Rubem Alves.

( ) A maioria dos evangélicos denunciou os crimes cometidos pelos militares.

( ) Os estudos sobre a atuação das pentecostais durante esse período histórico são poucos mesmo tendo ocorrido um grande crescimento desse grupo.

( ) A migração em direção às capitais dificultou muito o trabalho dos pentecostais, pois as pessoas eram, na maioria, católicas convictas.

( ) As comunidades evangélicas tinham grande influência norte-americana.

Agora, assinale a alternativa que apresenta a sequência correta:

a) V, V, F, F, F.
b) V, F, F, F, V.
c) V, V, F, V, F.
d) V, F, V, F, V.

Atividades de aprendizagem

Questões para reflexão

1. Você conhece uma CEB? Busque informações em seu estado sobre CEBs ainda ativas e indique as linhas de ação desses agrupamentos cristãos.

2. Os católicos e os evangélicos, durante a Guerra Fria, temiam que a instituição família pudesse desaparecer, sendo necessário, portanto, protegê-la. Busque textos e notícias sobre o tema *família* produzidos por grupos cristãos e analise se essa preocupação ainda ronda a mente dos fiéis no século XXI. A família é uma instituição ameaçada hoje em dia? Se sim, quais os fatores que mais a ameaçam?

3. O posicionamento político das igrejas durante a ditadura militar variou do apoio ao regime até a indiferença a ele. Poucos foram os agrupamentos que denunciaram esse período da história brasileira. Escolha um grupo religioso e informe qual foi a tendência seguida por ele naquele período.

Atividade aplicada: prática

1. Compreendendo a palavra *política* em seu sentido prático, ou seja, o cuidado com a cidade e com o espaço público, quais ações políticas o grupo religioso a que você pertence pode fazer em sua cidade? Crie um projeto e proponha um debate aos membros de seu grupo religioso.

capítulo seis

A Igreja em um mundo em transformação

06

Como explicitamos nos capítulos anteriores, a Igreja passou por várias mudanças ao longo de sua história no Brasil. Entretanto, no início do século XXI, as transformações têm ocorrido com maior frequência. Para as compreendermos, tomaremos por base os estudos dos sociólogos Manuel de Castells e de Zygmunt Bauman. O primeiro é espanhol e suas ideias tiveram alcance mundial. O segundo é polonês e tem grande influência principalmente na Europa. Castells (1999) buscou entender a sociedade em rede, demonstrando as transformações proporcionadas pela internet. Bauman (2004), por sua vez, tentou descortinar o mundo do consumo e as suas implicações tanto na sociedade quanto na economia e na natureza. "A era da modernidade líquida em que vivemos – um mundo repleto de sinais confusos, propenso a mudar com rapidez e de forma imprevisível – é fatal para nossa capacidade de amar, seja esse amor direcionado ao próximo, nosso parceiro ou a nós mesmos" (Bauman, 2004, p. 4).

Sob esse aspecto, é essencial entendermos a mentalidade desse mundo que se descortina, visto que o amor líquido também atinge a Igreja e a concepção de Deus. "Em essência, o argumento é o seguinte: as velhas identidades, que por tanto tempo estabilizaram o mundo social, estão em declínio, fazendo surgir novas identidades e fragmentando o indivíduo moderno, até aqui visto como um sujeito unificado" (Hall, 2011, p. 7).

Castells (1999) indica que a sociedade passou por uma grande mudança desde o advento da internet. Tudo teve seu sentido alterado, inclusive a própria existência. A necessidade de uma identidade pessoal levou o ser humano a buscá-la pelos mais diversos meios, desde o consumo até a privação deste.

> *Nesse mundo de mudanças confusas e incontroladas, as pessoas tendem a reagrupar-se em torno de identidades primárias: religiosas, étnicas, territoriais, nacionais. O fundamentalismo religioso [...] provavelmente é a maior força de segurança pessoal e mobilização coletiva nestes tempos conturbados.* (Castells, 1999, p. 41)

Logo, a religião passou a ser vista por muitos como uma trincheira capaz de resguardar algo importante em meio às constantes modificações. Na atual fuga da realidade que aflige o ser humano, ele encontra na religião um espaço de segurança, evitando outras formas de fuga como as drogas e a depressão profunda. É nesse ambiente que a Igreja atua, é com esse ser humano que ela precisa aprender a lidar. "Nossas sociedades estão cada vez mais estruturadas em uma oposição bipolar entre a Rede e o Ser" (Castells, 1999, p. 41). A rede de computadores acabou acelerando ainda mais as mudanças e colocando o ser humano em um conflito constante.

> Nessa condição de esquizofrenia estrutural entre função e significado, os padrões de comunicação social ficam sob tensão crescente. E quando a comunicação se rompe, quando já não existe comunicação nem mesmo de forma conflituosa (como seria o caso de lutas sociais ou oposição política), surge uma alienação entre grupos sociais e indivíduos que passam a considerar o outro um estranho, finalmente uma ameaça. (Castells, 1999, p. 41)

O fato é que, devido ao pensamento pós-moderno, o ser humano não sabe mais como agir e acaba entrando em conflito com o outro, ou simplesmente ignorando-o.

> Um tipo diferente de mudança estrutural está transformando as sociedades modernas no final do século XX. Isso está fragmentando as paisagens culturais de classe, gênero, sexualidade, etnia, raça e nacionalidade, que, no passado, nos tinham fornecido sólidas localizações como indivíduos sociais. Estas transformações estão também mudando nossas identidades pessoais, abalando a ideia que temos de nós próprios como sujeitos integrados. (Hall, 2011, p. 8)

Bauman (2004) parte dessa premissa para compreender como as mudanças sociais afetam tanto o ser humano quanto suas relações com o outro, consigo mesmo e, numa análise mais profunda, com o Criador. O autor percebe que o conceito *de amor* passou por alterações com o advento da internet e de todas as mudanças que ocorreram. Para o sociólogo, o amor na atualidade tende a ser muito semelhante à paixão – logo, descartável e passageiro – e não mais uma relação de permanência. "Em vez de haver mais pessoas atingindo mais vezes os elevados padrões do amor, esses padrões foram baixados. Como resultado, o conjunto de experiências às quais nos referimos com a palavra amor expandiu-se muito. Noites avulsas de sexo são referidas pelo codinome de 'fazer amor'" (Bauman, 2004, p. 10).

Os relacionamentos passaram a ser vistos como temporários, e não mais permanentes, ou seja, seguem ao sabor da vida, quase como um movimento etéreo do vapor, que se desvanece no ar. É o amor tornando-se objeto de consumo, completamente dependente da emoção.

> Os produtos de consumo atraem, os refugos repelem. Depois do desejo vem a remoção dos refugos. É, ao que parece, como forçar o que é estranho a abandonar a alteridade e desfazer-se da carapaça dissecada que se congela na alegria da satisfação, pronta a dissolver-se tão logo se conclua a tarefa. Em sua essência, o desejo é um impulso de destruição. E, embora de forma oblíqua, de autodestruição: o desejo é contaminado, desde o seu nascimento, pela vontade de morrer. (Bauman, 2004, p. 12-13)

Esse desejo intenso de consumir vem transformando as pessoas, os grupos sociais, as entidades e as igrejas em objetos de consumo. O desejo pela emoção do novo veicula uma ideia de que tudo é descartável e isso tem um impacto profundo e marcante sobre a Igreja. É relativamente raro o membro que permanece desde a sua conversão em uma mesma igreja; normalmente, a migração entre igrejas é a regra. Esse posicionamento tende a descaracterizar o papel da Igreja, substituída pela ideia de espaço de consumo do produto religioso. A Igreja da moda passa a ser vista como representação do *status* religioso e seguida até que uma nova forma de consumo do produto da fé seja mostrada. Num afã de consumir, os relacionamentos não se estabelecem e a vida acaba secularizando a fé, transformando-a em um grande mercado em que se escolhe o produto que mais interessa para aquele momento. Liquidamente, Deus se torna algo a ser vendido e comprado, numa lógica capitalista, e não espiritual. A experiência acaba valendo mais do que a consciência e o pragmatismo substitui a Palavra da fé no caminho decisório do campo religioso. Estes são os assuntos tratados neste capítulo: as respostas adotadas pela Igreja em um mundo completamente instável e imprevisível, mas que ainda oferece oportunidades tanto para aqueles que seguem a fé quanto para aqueles que se alimentam da crença dos outros.

6.1 O neoliberalismo e a igreja triunfante

O neoliberalismo surgiu na esteira do keynesianismo e do comunismo. Com o keynesianismo, plantou-se na sociedade a busca pelo jeito norte-americano de viver (*american way of life*), mas que usava os impostos para providenciar o bem-estar dos cidadãos, o que encarecia as taxas públicas. Com o comunismo, houve a tentativa de gerenciar os recursos para todos, administrados pelo Estado forte que dirigia tudo o que era produzido. Os dois sistemas comungavam alguns elementos, pois, na tentativa de vencer o comunismo, o keynesianismo pressupunha um capitalismo mais humano. Para vencer o keynesianismo, o comunismo precisava fortalecer-se ainda mais. Com a queda da União Soviética, a demanda por mais lucros por parte dos empresários forçou os governos de todo o mundo a mudarem o sistema econômico, transformando as nações em Estados mínimos.

O conceito de **Estado mínimo** guarda em si a ideia de que a privatização é a solução para os dilemas da sociedade e que o Estado deve cuidar apenas do mínimo necessário (no caso norte-americano, isso não inclui sequer a saúde). Assim, defende-se a cobrança de menos impostos para que as pessoas tenham mais dinheiro para gastar e as empresas possam lucrar mais. Inclui-se no Estado mínimo a desregulamentação da economia e das relações trabalhistas, levando o trabalhador a pleitear seus próprios salários sem intervenção do Estado. Margaret Thatcher, Ronald Reagan, Bill Clinton, Fernando Collor de Mello e Fernando Henrique Cardoso são exemplos de governantes neoliberais.

As nações que o abraçaram tiveram rápido crescimento após a queda da União Soviética. O principal problema é que, desde sua implantação, na década de 1980, o mundo vem passando por diversas crises econômicas, normalmente provocadas pelas operações das bolsas de valores. A crise de 2008, já rendeu perdas financeiras maiores do que aquelas de 1929, além da quebra de importantes nações mundiais. Isso ocorre porque o Estado mínimo não tem dinheiro para reativar a economia. Várias nações permanecem em crise desde então. O desafio da implantação de um sistema econômico que realmente responda às demandas da sociedade continua posto e tem gerado calorosos debates acadêmicos nos cursos de economia e relações internacionais. Trata-se de um ambiente em constante mutação que sempre interpõe novos desafios, gerando o que Bauman (2000) denomina *modernidade líquida*. Tais mutações não possuem longevidade e exigem novas soluções a cada instante.

O neoliberalismo teve imediato reflexo na Igreja, pois incluiu uma série de produtos que podiam ser comprados facilmente no mercado, advindos dos mais diferentes cantos do planeta. Um dos reflexos diretos foi a facilidade de importação de músicas estrangeiras que afetou diretamente o momento de louvor com novas tendências do mundo da música gospel. Os modelos advindos de igrejas de países desenvolvidos passaram a permear as estruturas eclesiásticas transformando a mensagem pregada. O desejo pelo consumo de bens e serviços de padrão internacional trouxe aos membros dessas igrejas, bem como de demais segmentos no Brasil, o consumismo que acabou encontrando eco nas mensagens que garantiam a prosperidade financeira. A fé cristã acaba sendo vista por muitos frequentadores de igrejas como um objeto de consumo, não como uma experiência espiritual alicerçada na abnegação, conforme observado nos grupamentos cristãos tradicionais.

Nesse ambiente, surgiram as igrejas neopentecostais voltadas à prosperidade e ao Deus que garante tudo de que as pessoas desejam, basta elas lhe pedirem e investirem nesse pedido. Seguem a lógica capitalista de que, se as pessoas se aplicarem, ganham. Os problemas passaram a ser vistos como obras motivadas exclusivamente pelo pecado ou pela falta de fé. Foi o nascimento de um Evangelho triunfalista que garante a realização pessoal aqui e agora, e não num tempo futuro.

Os estudiosos preferem dividir o pentecostalismo em três ondas. A primeira é a do **pentecostalismo clássico**, surgida no início do século XX. A segunda é a do **pentecostalismo neoclássico**, que

> teve início na década de 50 com a chegada em São Paulo de dois missionários norte-americanos da International Church of The Foursquare Gospel [Igreja do Evangelho Quadrangular]. Aqui, criaram a Cruzada Nacional de Evangelização e iniciaram, com grande êxito, o evangelismo baseado na cura divina, provocando a fragmentação denominacional e acelerando a expansão do pentecostalismo no país. (Mariano, 1996, p. 25)

A terceira onda é considerada a **neopentecostal**, cujo crescimento ocorreu entre a década de 1980 e o início do século XXI. Antenada à realidade de que nem todos na sociedade têm acesso aos bens de consumo desejáveis, essa corrente promete fazer o indivíduo atingir seus sonhos com menos esforços. Além disso, ressalta a guerra espiritual contra o diabo, no que diz respeito tanto à libertação individual quanto à estrutura da cidade – apregoa-se que o diabo toma posse do mundo urbano aprisionando-o e que apenas a libertação espiritual pode salvar a cidade, o que é chamado de Guerra Espiritual Territorial. O conceito de *demônios territoriais* ocupa parte da teologia adotada por vários grupamentos religiosos que seguem essa maneira de ver o mundo espiritual. Prega-se o Deus que move o mundo em prol da vontade daqueles que pagam o dízimo. A doutrina encaixou-se como uma luva tanto para a demanda imediatista de resolução ritual de problemas financeiros dos fiéis mais pobres quanto para a demanda dos que desejavam legitimar seu modo de vida, sua fortuna e sua felicidade (Mariano, 1996).

Vinculados a essa visão teológica estão programas televisivos voltados para a pregação do que Deus pode fazer pelas pessoas. Essas igrejas anunciam, que, dessa forma, estão retirando almas do inferno e as conduzindo para povoar o céu. Trata-se de uma teologia com forte apelo espiritual, e com resultados práticos imediatos na vida material. A Igreja Universal do Reino de Deus (1977, Rio de Janeiro), a Igreja Internacional da Graça de Deus (1980, Rio de Janeiro), a Comunidade Evangélica Sara Nossa Terra (1976, Goiás) e a Igreja Renascer em Cristo (1986, São Paulo), fundadas por pregadores brasileiros, constituem as principais denominações neopentecostais (Mariano, 1996).

Dessa forma, surge a seguinte dúvida: O culto deve ser prestado como serviço do homem a Deus, como serviço de Deus ao homem ou como serviço à própria igreja? Além disso, nas denominações neopentecostais, as articulações políticas não são em nada veladas e rompem o distanciamento entre a Igreja e o Estado; ali discute-se o que este pode fornecer a essas organizações; porém a contrapartida não figura entre as preocupações de seus líderes. O culto à personalidade – quando determinado pastor é visto como resposta para os problemas dos fiéis – também é uma característica neopentecostal, e muitos desses líderes partem para a vida política. Assim, a bancada evangélica tornou-se uma força no Congresso Nacional. As ações de seus membros, no entanto, nem sempre estão de acordo com a fé que pregam, mas de acordo com a lei do melhor resultado imediato.

6.2 Fundamentalismo

"Como constelações de tendências, tanto o conservadorismo em geral quanto o fundamentalismo em particular não apresentam unanimidade, o que dá margem a diversos conflitos" (Mendonça; Velasques Filho, 1990, p. 129). Para compreendermos o fundamentalismo, é preciso voltarmos nossa atenção ao passado da religião nos Estados Unidos, a uma linha chamada *evangelical,* que ficou conhecida no Brasil como *evangélica*. "A linha principal dos evangelicais tem sido marcada em geral pela adesão ao consenso da Reforma, à inerrância, à criação especial e geralmente ao pré-milenismo" (Cairns, 2008, p. 509).

Segundo Mendonça (2005, p. 58), "O ponto de partida do fundamentalismo foi dado na célebre Conferência Bíblica de Niágara, em 1878". O autor acrescenta que tudo começou a mudar quando um pregador chamado Curtis Lee Laws usou pela primeira vez o termo *fundamentalista,* em 1920, para designar os evangélicos que não aceitavam os ensinamentos liberais. Outros ícones na formulação da dogmática do fundamentalismo foram Bob Jones, Carl McIntire, John Rice, Pat Robertson, Jerry Falwell e Beverly LaHaye. Até a Segunda Guerra Mundial, o espírito do fundamentalismo era o de separação em relação aos demais agrupamentos evangélicos, chegando a fazer críticas contundentes ao pregador batista Billy Graham. Após a guerra, passou a haver uma moderação maior e uma tentativa de cooperação com os demais evangélicos.

Ao lado de outros pregadores em todos os Estados Unidos, Billy Graham, cuja projeção ocorreu após 1944, iniciou seu trabalho como pregador em cruzadas urbanas – movimentos que visavam levar as pessoas a se decidirem por Jesus Cristo –, chegando a reunir cerca de 2,3 milhões de pessoas por evento, e a contabilizar 1 milhão de conversões em uma única edição. Sua teologia era evangelical, salvacionista e bíblica, mas se afastava dos movimentos fundamentalistas por buscar o diálogo entre as denominações evangélicas. (Cairns, 2008).

"É bom lembrar que a palavra 'fundamentalismo' tem sua origem no Ocidente cristão e é fruto e decorrência do que convencionou chamar de **Modernidade**" (Dreher, 2006, p. 5 grifo do original). Logo, o fundamentalismo está arraigado aos valores modernos, em contraposição aos valores pós-modernos de hoje. Sua visão é defender uma bandeira, uma trincheira, contra a os avanços do que os fundamentalistas chamam de *modernidade*, mas que, na verdade, é a própria pós-modernidade. Sua ação atinge não apenas os cristãos mas também os islâmicos, os seguidores do judaísmo e até os hinduístas.

> *Segundo Zygmunt Bauman, o fundamentalismo liberta o ser humano das angústias da escolha no mundo pós-moderno quando lhe oferece uma autoridade suprema. Longe de ser uma irracionalidade pré-moderna, o fundamentalismo apresenta-se como uma racionalidade alternativa para resolver os problemas da sociedade pós-moderna [...].* (Bellotti, 2008, p. 64)

Sem dúvida, a maior fonte de divulgação das ideias fundamentalistas foi a televisão. Por meio dela, suas linhas de defesa e de ataque conseguiram atingir a todos, principalmente nos Estados Unidos.

> Por meio do uso da mídia, o grupo fundamentalista norte-americano trava uma guerra cultural contra a sociedade secular em torno da preservação dos "valores familiares", oferecendo opções de entretenimento "sadio" para toda a família e guias de aconselhamento para a vida cristã. [...]
>
> Outro fator que aumentou a força dos fundamentalistas foram os conflitos que marcaram a sociedade norte-americana nos anos 1960. As lutas por direitos civis, a Guerra do Vietnã, feminismo e "hippismo" expuseram as contradições e os jogos de poder vigentes nos Estados Unidos.
>
> (Bellotti, 2009, p. 56, 65)

Essas questões reforçavam a imagem de que Jesus Cristo voltaria brevemente. A Guerra Fria tornou-se outro meio de ratificar o fundamentalismo. O medo das ações soviéticas, propagado pelos líderes norte-americanos, tinha no fundamentalismo a força necessária para enfrentar as ideias marxistas. Dessa maneira, todo fundamentalista norte-americano era antimarxista e acreditava que o modelo econômico criado por Deus era o capitalismo.

> Por fora, o fundamentalismo representa um sistema fechado. O autoisolamento fundamentalista fecha-se ao redor de sua compreensão do mundo, de si, de Deus e de suas representações. Este parece desinteressado no diálogo. Cultivado como uma posição minoritária, ele se mantém no privado com uma segunda agenda, escondida, mas preservada.
>
> (Renders, 2008, p. 89)

Assim, no fundamentalismo, as respostas já estão prontas, mesmo que as perguntas mudem. Isso empobrece muito a discussão teológica, pois impede a busca por soluções para os novos problemas da sociedade. Dessa forma, assuntos como alimentos transgênicos, manipulação genética para cura de doenças, homossexualidade, entre outras não encontram espaço para serem debatidos.

Cabe, porém, ressaltarmos que o fundamentalismo é marcadamente ideológico. Não se trata de metodologia nem de hermenêutica, mas de uma mentalidade, isto é, de uma ideologia. Isso o torna doutrinariamente rígido e, por isso, intolerante (Mendonça; Velasques Filho, 1990).

No Brasil, o fundamentalismo teve o seu ápice durante a ditadura militar; o fato de não estar restrito a espaços definidos lhe rendeu a possibilidade de disseminar-se entre as igrejas silenciosamente. Hoje, os grupos fundamentalistas são vistos como periféricos, embora alguns de seus líderes ocupem cargos importantes em algumas denominações. A exigência de atender ao clamor do Senhor pelas almas perdidas em um mundo em transformação tem levado vários integrantes desses movimentos a migrar para igrejas fundamentadas sobre os conceitos bíblicos, porém mais abertas às necessidades das pessoas. "Presa da dicotomia corpo-alma, o fundamentalismo reduz a missão da Igreja ao plano exclusivamente espiritual da salvação de almas, o que causa ao cristianismo o prejuízo da perda de sua historicidade" (Mendonça; Velasques Filho, 1990, p. 130).

A miopia espiritual leva o ser humano a desumanizar o próximo, abandonando o ferido à beira do caminho para manter-se limpo, em vez de agir como o bom samaritano, que ajudou o ferido levando-o até a estalagem, na qual este teve suas feridas curadas. Segue-se a lógica de que, sem problemas, a pessoa tende a não buscar a Deus, e esquece que o objetivo divino é que a Igreja seja uma agência do Reino de Deus na Terra.

6.3 O uso da internet

Um dos desafios centrais na atualidade – em todas as áreas, incluindo a religião – é estabelecer um diálogo entre conceitos já enraizados na sociedade e a pós-modernidade. No caso da religião, a questão aborda a relação entre a pós-modernidade e a fé e as ferramentas que facilitam essa relação. Nesse sentido, observamos que a internet modificou comportamentos e potencializou as interações pessoais. Dessa maneira, surgem dúvidas sobre o uso dessa ferramenta na consecução dos objetivos da Igreja. Até que ponto ela prejudica a práxis cristã? Ela pode auxiliar na construção de um novo conceito de *espiritualidade*? Não é nossa proposta dar conta das respostas a essas perguntas, mas pretendemos indicar algumas possibilidades de debate e de diálogo. Como o tema ainda é muito recente, carece de pesquisa profunda voltada para o ambiente eclesiástico. Portanto, apresentaremos algumas formas de uso da internet no ambiente religioso.

A internet incorpora elementos importantes na comunicação, a imagem e o som. Ambos têm a capacidade de precipitar uma mensagem baseada em presenças, realidades e conceitos. Todo signo visual ou sonoro tem potencial informativo ao fazer referência a um objeto. Assim, os meios audiovisuais têm a capacidade de combinar e intercruzar um conjunto amplo de imagens, sons, ritmos, músicas e textos escritos. Para Moran, Masetto e Behrens (2005), cada indivíduo é afetado pela imagem, pelos movimentos de câmera, pela música e pela narração emocionada do interlocutor. Embora presente desde a televisão, esse elemento foi potencializado pela internet, ao garantir interatividade em tempo real. Hoje, portanto, a internet é a primeira ferramenta das tecnologias de informação e comunicação (TICs).

Na qualidade de veículo de comunicação, a internet produziu um novo tipo de ser social, que vê na ferramenta a única conexão com a realidade, mesmo que de modo virtual. A internet não pode ser compreendida como um fenômeno imediatista ou de modismo; em verdade, ela penetrou todas as esferas da vida humana, atingindo diferentes grupos de diferentes faixas etárias e camadas sociais, e promoveu novos desafios nas relações pessoais, sociais, comunicacionais e educacionais. A internet vem alterando a maneira como muitas pessoas trabalham, aprendem, trocam informações e se divertem, sendo difícil hoje imaginar um mundo sem ela (Lévy, 1999).

Imersos nesse contexto, crianças, adolescentes, jovens, adultos e idosos são diariamente impactados pelos meios audiovisuais. Para Torquato (2012), não há mais tempo para preconceitos fundamentados no senso comum de que aquilo que é veiculado pelas mídias audiovisuais não serve para o cristão. É necessário que educadores cristãos e teólogos providos de discernimento e de sabedoria, **seres reflexivos e investigadores**, identifiquem as possibilidades pedagógicas que os meios audiovisuais podem oferecer ao conhecimento dos cristãos. É imperativo para a ação educacional promover situações que possibilitem o desenvolvimento no indivíduo da aptidão para contextualizar e globalizar as informações. Para tanto, a educação religiosa precisa ir para além de seu campo e renovar seus fundamentos para articular-se com outras ciências – entre elas, cabe destacarmos a ciência da comunicação em suas múltiplas facetas. Refletir sobre a relação entre a educação e a comunicação por meio dos multimeios permite agir de forma mais madura em prol do crescimento e da formação do sujeito.

De nada adianta planejar e introduzir recursos audiovisuais de última geração tecnológica em aulas e ministrações se não houver mudanças no modelo de comunicação que dá suporte ao sistema de ensino e aprendizagem nas igrejas locais. *Comunicação* é espaço de "ação comum". Logo, para que haja compreensão, mudança e aprendizagem, é necessário um espaço em que não só um mas ambos os interlocutores participantes do processo conduzam sua observação sobre o mesmo objeto e que a linguagem seja comum e reconhecida por eles. Dessa forma, a internet pode ser espaço de aprendizagem desde que os interlocutores (pastores, teólogos, professores, líderes e alunos) busquem compreender suas potencialidades.

As páginas da *web* integram as diferentes mídias. Logo, arquivos de textos, de sons e audiovisuais se articulam e podem ser justapostos com o propósito de induzir diferentes estímulos nas pessoas. É possível que os formadores indiquem *sites* de pesquisas para ampliar o campo de informações e futuros conhecimentos dos alunos. *Sites* com diferentes recursos tecnológicos podem promover uma aprendizagem às vezes melhor do que uma aula presencial expositiva.

Outra potencialidade da internet são as redes sociais e os espaços interativos. *Blogs*, redes sociais e *e-mails* funcionam hoje como espaços de diálogos e de relacionamentos. As relações de tempo e de espaço mudaram. É possível falar em tempo real com pessoas que estão distantes geograficamente; conhecer novas culturas por meio de novas amizades. Todas as gerações, mas principalmente adolescentes e jovens, acessam páginas de interatividade várias vezes ao dia. É urgente que as lideranças eclesiásticas e os educadores cristãos aprendam a dinamizar esses espaços de forma sadia. Conhecer e manter contato com a nova geração por meio das redes sociais e dos espaços interativos é outra estratégia para se aproximar dela.

Para Torquato (2012, p. 10),

> *No contexto atual em que as teorias educacionais voltam seu olhar para a formação do ser reflexivo, autônomo, coletivo, afetivo, um ser também*

espiritual e social, a educação cristã dentro de estruturas eclesiásticas necessita refletir distintos saberes, ousando inovações que promovam aprendizagens significativas.

Assim, educadores e lideranças religiosas precisam auxiliar os alunos e os liderados a perceber e a refletir melhor sobre os diferentes ecossistemas comunicativos nos quais todos estão imersos e que têm na linguagem audiovisual sua grande articuladora.

6.4 Diálogos interdenominacionais e inter-religiosos

Para o evangelismo – teologicamente, o anúncio da Boa Nova – sobreviver em um mundo em transformação, o diálogo interdenominacional não é uma opção, mas uma necessidade. Esse é um momento em que os gastos para algumas ações evangelísticas passam a ser quase proibitivos, principalmente para as pequenas igrejas. O envio de missionários pelo mundo fica quase inviável sem o apoio da diplomacia dos países. As grandes denominações normalmente já possuem esse auxílio, mas os agrupamentos menores não costumam ter acesso a canais diplomáticos. O envio de recursos para o exterior é outro grande desafio, dada a necessidade de cumprir os procedimentos exigidos pelo Brasil e pelos demais países envolvidos. Grandes cruzadas evangelísticas também apresentam um custo bastante elevado, inviabilizando sua execução pela maioria das pequenas igrejas de forma solitária. Agindo sozinhas, sem recursos, muitas ações nas áreas educacional, social e política tornam-se quase inviáveis, ou sua prática demonstra-se inócua.

O diálogo interdenominacional, ao contrário do ecumenismo, visa à aproximação entre grupos religiosos evangélicos. Nele, não se esperam concessões tão grandes, apenas a vontade das igrejas de caminharem juntas. Normalmente, os membros das igrejas tendem a ser mais afeitos a esse tipo de diálogo, ao contrário de seus pastores. Seria uma caminhada inversa ao denominacionalismo que marcou os momentos posteriores à reforma protestante.

Normalmente, são obtidos melhores resultados com esforços pontuais do que com caminhadas mais longas, principalmente nas capitais e nas grandes cidades. Um exemplo é a Marcha para Jesus, que só ocorre devido ao esforço conjunto de várias denominações e agrupamentos religiosos.

Trata-se de um ideal típico de uma sociedade contemporânea, visto que o outro se tornou uma realidade inegável. Na Idade Média, era raríssimo o contato com o outro e, quando este ocorria, a hostilidade era a tônica.

O diálogo inter-religioso, por sua vez, vai além do ecumenismo e do interdenominacionalismo e busca aproximações com grupamentos religiosos mundiais. Esse movimento ganhou muita força após acontecimentos como o ataque às Torres Gêmeas nos Estados Unidos, em 2001, e busca ressaltar os pontos comuns entre as religiões. Um dos espaços de diálogo inter-religioso por excelência é o Congresso de Líderes das Religiões Mundiais e Tradicionais, que ocorre com apoio da Organização das Nações Unidas (ONU).

Resumindo outras posturas quanto ao diálogo inter-religioso, cabe ressaltarmos uma das principais doutrinas do cristianismo: a graça aproxima, não afasta; ama antes de condenar; vê o outro, e não apenas a si mesma; mostra o impossível, e não apenas o tangível; por fim, produz milagres, enquanto a lei produz apenas a morte.

6.5 Desafios para a Igreja no século XXI

Para abordarmos os desafios enfrentados pela Igreja no século XXI, analisaremos a obra *Quais os desafios dos temas teológicos atuais?*, escrita por José Comblin (2005), que visa abrir um diálogo diante dos desafios típicos vividos no momento presente. Em seu livro, Comblin discorre sobre dez temas essenciais para esta época em que a visão pós-moderna toma conta das igrejas.

O primeiro desafio refere-se aos pobres. A Igreja não pode virar as costas para essas pessoas. Na pós-modernidade, os necessitados, à margem do mercado consumidor, têm sido vistos como responsáveis por sua própria situação. Sob a ótica de que cada um deveria se tornar responsável por si próprio, há grande desconfiança sobre os interesses escusos na preocupação com esse segmento. Mesmo a Igreja não têm demonstrado que essas pessoas necessitam de ajuda e de amparo, além de um treinamento para tornarem-se independentes.

Cada um busca conforto, valor supremo procurado pela juventude. "Sem risco, sem aventura, sem compromisso, sem responsabilidade, o mundo funciona por funcionar, nada mais. É o ideal pequeno burguês glorificado" (Comblin, 2005, p. 13). Com essas palavras, Comblin (2005) alerta que se perder de vista os ensinamentos de Jesus Cristo referentes ao próximo, a Igreja corre o risco de deixar escapar uma de suas funções: transformar a sociedade tanto espiritualmente quanto socialmente. A Igreja precisa resgatar o ser humano ao sonho de Deus, indicando sua humanidade como espaço de manifestação do divino. A instituição não pode fechar os olhos às necessidades das pessoas mesmo que isso custe abrir mão dos seus próprios direitos. Deve arriscar-se em busca do ser humano caído, comprometendo-se com Cristo para restaurar o homem como um todo, assumindo uma posição diante da sociedade em que está inserida.

Dessa forma, a Igreja precisa assumir duas funções essenciais: a de **profeta**, ao denunciar as atrocidades cometidas contra os pobres, e a de **agência do Reino de Deus**, atuando a fim de minorar a dor e indicar os caminhos para que os menos favorecidos possam alçar seus próprios voos. Não basta lhes dar comida, é preciso permitir a eles sonhar de novo e proporcionar os fundamentos educacionais para que possam seguir seus sonhos.

Outro desafio refere-se ao pluralismo religioso. Não há como negarmos que, com a melhoria das comunicações e do transporte, as demais religiões mundiais encontram-se muito perto de todos os cristãos de hoje. Por modismo, migração ou convicção, essas demais religiões estão, muitas vezes, do outro lado da rua. Algumas delas encontram-se em solo brasileiro em virtude das migrações forçadas, como as de origem africana e islâmica (vindas incialmente com os escravos). Outras chegaram com imigrantes orientais, como o budismo e hinduísmo, ficando inicialmente restritas a essas etnias. No século XX, com a chegada de ideologias como a Nova Era, observou-se uma aproximação de ocidentais às religiões orientais, principalmente as de origem hinduísta. O motivo era a crença na construção de um mundo melhor e mais harmônico. Dessa forma, tal vertente de fé cresceu bastante em solo brasileiro atingindo as mais diversas faixas etárias e grupos sociais.

Todas essas formas de fé coexistem em paz no Brasil, diferentemente do experimentado em outras nações. A tolerância religiosa aqui é mais presente do que em outras partes do planeta. Contudo, tolerância nem sempre é sinônimo de respeito. Os adeptos das religiões afro-brasileiras, por exemplo, são muitas vezes vistos como inferiores por outros agrupamentos religiosos, reforçando a percepção de que existe um preconceito arraigado no imaginário brasileiro.

O respeito é essencial, mas, para os seguidores do evangelismo, isso não significa a inércia na ação de evangelização. *Evangelizar* é apregoar a boa nova, a salvação, sem esquecer que o outro é diferente, não inferior nem pior. Jesus Cristo não mandou os judeus abandonarem aquilo em que criam, mas propôs uma nova verdade, ainda mais libertadora. Ele não atacou as sinagogas, foi até elas e lhes propôs um ressignificado. Paulo de Tarso não atacou o altar ao deus desconhecido, usou-o para evangelizar o povo (Atos, 17: 22-23). "Não vamos anunciar a Boa-Nova como algo que exclui ou destrói tudo o que os seres humanos sabiam antes" (Comblin, 2005, p. 21).

Muitos dos evangélicos de hoje fazem apenas proselitismo com os católicos, mas não sabem como evangelizar seguidores de outras religiões, e a razão é que não conhecem nada delas. Hoje, a doutrina missionária professa que a missão se realiza no diálogo. "Não há diálogo possível entre superior e inferior. Se um deles sabe tudo e o outro nada, a relação é de mestre e aluno, o que é relação de desigualdades" (Comblin, 2005, p. 23). Dessa forma, é preciso agir como Paulo: "Para os fracos, fiz-me fraco, a fim de ganhar os fracos. Tornei-me tudo para todos, a fim de salvar alguns a todo custo" (I Coríntios, 9: 22).

Outra questão fundamental para Comblin (2005) é a da revelação. Há uma revelação natural que se manifesta nos conhecimentos humanos sobre Deus. E há uma revelação sobrenatural na qual Deus intervém por intermédio de pessoas escolhidas para transmitir aos seres humanos o que Ele deseja comunicar.

É dessa forma que o Criador se revela aos seres humanos: por meio da natureza e da profecia. Aqui, compreendemos *profecia* como a ação divina que faz a Palavra de Deus ter sentido para aquele que a escuta. Assim, *ação profética* é a capacidade da Igreja de receber a ação do Espírito Santo visando comunicar com profundidade a palavra divina de maneira a atingir o ser humano em sua necessidade, e não apenas de forma genérica. O mundo carece de uma revelação direta de Deus na Terra, e não apenas de uma revelação teológica. As discussões a respeito dos dogmas e das teologias denominacionais não atingem a necessidade do ser humano. Pregar um posicionamento religioso não é comunicar a revelação divina.

Comblin (2005) critica muito o fato de que, muitas vezes, em vez de proclamar Jesus Cristo, as igrejas comunicam doutrinas e dogmas. Isso, segundo o autor, é uma grande perda de tempo em um mundo pós-moderno. As pessoas não estão em busca de quem está mais certo, estão em busca de algo que supra seus vazios. Deus, no mundo pós-moderno, precisa ser Emanuel, "Deus conosco". Um Deus **pessoal que se afasta de conflitos e busca o ser humano integral.** Eis o que escreve Comblin (2005, p. 33) sobre a tarefa do teólogo:

> *Doravante, podemos pensar que a tarefa da teologia não consistirá em aumentar o volume das proposições teológicas, menos ainda em aumentar o número de dogmas. Pelo contrário, teremos de voltar ao passado, ao cristianismo que era anterior a todo esse desenvolvimento para redescobrir-lhe o núcleo, porque é somente esse núcleo que pode interessar às outras culturas.*

Não cabe mais a formulação medieval ou moderna de *verdade*, mas a retomada do conceito de Jesus Cristo como *Verdade*. Sem essa redescoberta, a fé cristã perde a essência e esvai-se em grande conflito, dissipando a profundidade do sacrifício de Jesus Cristo e minorando-o de forma insípida, tornando-o um mero produto a ser vendido.

Por esse motivo, outra temática abordada por Comblin (2005) envolve Deus. Quem é Deus para o cristianismo atual? A imagem propagada é a verdadeira imagem divina? Seria preciso recuperar algo que foi esquecido ou tudo está de acordo com a Verdade que liberta? Essas questões são as pressuposições para a construção de uma teologia que dialogue com a pós-modernidade sem render-se a ela. Não uma teologia dos relativos, mas uma teologia que busca na raiz da fé a gênese necessária para a construção de vidas realmente transformadas e impactadas pela Verdade. Por conduzir uma mensagem destituída dessa Verdade, a Igreja tem sido ridicularizada e rejeitada, tornando-se uma religião muito aquém da experiência de fé protagonizada por Jesus Cristo. Talvez a questão central nesse encontro continue sendo: Quem é Deus?

Para responder a essa pergunta, muitos caminhos têm sido usados na história da Igreja. Deus tem sido visto de diferentes formas: como um dogma; como um ser místico panteísta; distante da terra; disposto a castigar; como uma doutrina religiosa ou uma teologia, como um ser que resolve todos os problemas ou um ser que troca obediência por bênção. Todas essas visões de Deus são pálidas percepções da Verdade. São reduções de quem Ele é. Dessa forma, é preciso um retorno à Bíblia. Urge a reinterpretação corajosa da mensagem bíblica, mostrando Deus como Deus, e não como mercadoria. "Claro que o conhecimento de Deus nesta terra sempre se dá na sombra – era esse o conhecimento que tinha Moisés quando Deus estava no meio da nuvem no deserto" (Comblin, 2005, p. 42). Sendo Deus um Ser superior que se desvela a seres infinitamente menores, ao homem é impossível vê-lo de verdade, apenas é possível perceber um tênue brilho furtivo de Sua glória, nunca sua plenitude. Contudo, cabe ao cristão de hoje, e ao teólogo, em especial, reduzir ao máximo as interferências que embaçam essa imagem.

Por isso, segue-se a necessidade da construção de uma correta cristologia. Cristo foi a encarnação de Deus na face da Terra. A percepção dessa encarnação foi desenvolvida conforme as culturas que permearam a fé cristã. Cada uma valorizou certos pontos da imagem de Jesus. Cabe ao teólogo multifacetar essa imagem para facilitar o acesso de todas as culturas à mensagem libertadora de Jesus Cristo. Não basta uma única face da verdade, pois ela nunca será toda a Verdade. Abrir-se a essa percepção múltipla é enriquecê-la e torná-la palpável e perceptível ao ser humano.

> *Uma vida humana não é simplesmente uma natureza. Ela é uma história, um destino, um projeto, uma esperança. Para compreender Jesus, era necessário descobrir qual era o seu projeto humanamente falando, como ele enxergava sua missão e seu destino. Não se poderia fazer uma teologia da morte de Jesus sem entender a sua vida.* (Comblin, 2005, p. 47)

Isso conduz a uma mensagem cada vez mais profunda sobre Jesus Cristo. Uma mensagem que liberta as pessoas, em vez de aprisioná-las nos sistemas dogmáticos, doutrinários ou eclesiológicos. "Deus não queria libertar por imposição, mas libertar a humanidade na liberdade" (Comblin, 2005, p. 54). Deus deseja que essa libertação ocorra na Igreja de hoje, e que esta perceba que, como ser humano, Jesus conseguiu cumprir sempre a vontade do Pai. Assim, é preciso adotar uma teologia que passa a imagem semi-divina de Jesus, mas uma que reconheça como um ser divino que se esvazia para assumir a forma de servo para cumprir a vontade libertadora de Deus na Terra (Filipenses, 2: 1-30).

Essa compreensão de Jesus Cristo leva a Igreja a refazer sua eclesiologia, e a tornar-se uma agência do Reino de Deus e que se percebe parte de um reino maior e transcendente. Essa consciência vem cheia de perigos. "Será preciso lembrar que a Igreja está no mundo, está na história, está na cultura e pode mergulhar de tal modo na cultura e na história que perde o conteúdo próprio" (Comblin, 2005, p. 57). Essa é uma doença que tem afetado muitos grupos religiosos que têm se esquecido de que a Igreja não deveria existir para ela, mas para Deus. O Reino de Deus é maior do que a

Igreja local e, portanto, se esta não entender sua missão, pode perder sua identidade. "Ultimamente, começou-se a estudar a cidade e as necessidades espirituais e cristãs das cidades" (Comblin, 2005, p. 64). Esses estudos precisam fazer a instituição compreender que ela existe além da estrutura eclesiástica e que sua mensagem transcende à estrutura local, é espiritual e de alcance global, visa a Jesus Cristo, e não à burocracia da hierarquia religiosa. Deus não está preso à hierarquia terrestre, está disposto a usar qualquer um que deseje ouvir Sua voz (Apocalipse, 3: 20). Em um mundo em constante transformação, a Igreja também precisa estar disposta a sofrer uma metamorfose sem perder a essência, ir até onde estão os carentes de libertação e levar a Verdade conforme a linguagem por eles entendida.

Isso nos leva ao ponto da missão. Esse conceito precisa ser revisto e atualizado pela Igreja, pois sua missão precisa compreender o ser humano carente da Verdade, e não a doutrina nem a dogmática. Cada cristão deve sentir-se um missionário em seu espaço de ação, e não entender a missão como algo reservado para poucos. Isso deve mover o cristão a andar pelo mundo e mudar a história. "Porém, a missão não pode ser uma obrigação. Se for uma obrigação, nunca será eficiente. Somente convencerá se ela proceder do coração dos cristãos, espontaneamente" (Comblin, 2005, p. 71). A missão precisa ser parte da vida, o sangue que corre nas veias espirituais, o sonho que povoa cada cristão. Somente dessa forma, a Igreja poderá ser relevante em um mundo em transformação.

Os outros dois assuntos abordados por Comblin (2005) são a bioética e a criação. Entrelaçados, esses temas partem de uma pergunta importante: Como a Igreja se relaciona com a natureza e com as transformações implementadas pela ciência nessa natureza?

Não há respostas predefinidas para essa pergunta. Defender ou não a clonagem, por exemplo, não se trata de um dogma e a resposta sobre ela não está pronta.

Quando é determinada a morte de alguém, apenas quando o coração para? Hoje podemos prolongar a vida (e o sofrimento) do ser humano de forma indefinida, basta ligá-lo a aparelhos. A fertilização *in vitro* é correta? Trata-se de um óvulo e de um espermatozoide que se encontram e são implantados no útero de uma mulher, mas muitos outros embriões são congelados ou descartados. Qual é o limite de exploração da natureza? Lembre-se de que Deus fez o ser humano para cuidar da Terra. A poluição precisa ser reduzida ou ela é resultado natural da existência humana?

Essas questões são bastante diferentes daquelas com que tiveram de lidar nossos antepassados. Os grandes líderes e teólogos cristãos que construíram a história da Igreja no passado nunca precisaram preocupar-se com isso, mas a Igreja atual precisa. **Problemas dessa ordem estão invadindo as fronteiras bem definidas da teologia.** A teologia e a Igreja de hoje têm um lugar essencial nesse debate. Não é possível que uma Igreja, que se compreende **agência do Reino de Deus**, fique inerte diante do descalabro da exploração predatória da natureza que foi criada pelo Pai. Sua ação não pode ser tímida. Não é aceitável que continue acreditando que a destruição da natureza está preconizada nas páginas do Apocalipse e que nada pode ser feito para impedi-la. É preciso lembrar que a Bíblia designa o Diabo como o destruidor e que a omissão sobre suas ações é a concordância com sua missão na Terra. É tornar-se servo dele e, não de Deus.

As discussões sobre esse assunto devem fazer parte da educação da Igreja. Não pode esta continuar a discutir dogmas e doutrinas sem levar em conta sua atuação prática na sociedade.

A última parte da obra de Comblin (2005) trata dos sinais dos tempos. O que está ocorrendo agora deve ser adequadamente interpretado pela Igreja e, em especial, pelo teólogo. Uma correta interpretação desses eventos pode mudar por completo a ação e a percepção da mensagem de Deus para hoje. Todos sofrem com as mudanças da história e da sociedade. Não existe a possibilidade de apartar-se da realidade e observar as coisas acontecendo. O bonde da história não para; por isso, cabe à teologia buscar reinterpretar os fatos e perceber as necessidades da sociedade a fim de dar respostas cada vez mais coerentes ao momento.

Em uma civilização baseada no consumo, não se pode sucumbir ao consumismo, mas pautar-se pelos valores supremos da Palavra de Deus. Numa sociedade de valores relativos, é necessário buscar alicerces capazes de permanecer firmes a despeito das transformações. Exige-se do teólogo do século XXI a percepção de que a Bíblia deve ser mantida em uma das mãos, enquanto o jornal é segurado na outra. Não existe mais como discutir temas teológicos dissociados daquilo que faz sentido para o ser humano atual. O impacto da nova cultura ocidental deveria ser um tema teológico primordial, mas isso não ocorre. "Sinal de que essa cultura já penetrou profundamente na mente dos cristãos, sobretudo [...] da hierarquia" (Comblin, 2005, p. 94).

O que fazer diante desses debates? O que escrever ao final desta obra? Mais do que nunca, a profissão do teólogo torna-se essencial para que a Igreja não se prostre diante das transformações, mas vale lembrarmos o grande desafio proposto por Paulo:

Exorto-vos, portanto, irmãos, pela misericórdia de Deus, a que ofereçais vossos corpos como hóstia viva, santa e agradável a Deus: este é o vosso culto espiritual. E não vos conformeis com este mundo, mas transformai-vos, renovando a vossa mente, a fim de poderdes discernir qual é a vontade de Deus, o que é bom, agradável e perfeito. (Romanos, 12: 1-2)

Síntese

Neste capítulo, discutimos diversos aspectos relacionados ao papel da Igreja cristã nos cenários do século XX e atual. Analisamos as principais transformações pelas quais o mundo está passando, principalmente por causa do advento e da popularização de variadas formas de tecnologias.

Comentamos que não apenas a Igreja mas também o cristão têm papel fundamental nessa mudança de rumos que a fé precisa adotar e que o teólogo, por sua formação, tem o dever de discutir, avaliar e apontar caminhos e serem seguidos.

Para sumarizar os assuntos tratados neste capítulo de forma objetiva, apresentamos o Quadro 6.1.

Quadro 6.1 – A Igreja em um mundo em transformação

Igrejas neopentecostais	Igrejas fundamentalistas	Diálogos	Desafios para o século XXI
• Creem que o mundo neoliberal é o espaço de manifestação da glória de Deus. • Concebem que essa glória é manifestada pela cura divina e pela prosperidade dos fiéis. • Pregam que a doença e pobreza são obras de Satanás. • Consideram que Jesus Cristo veio para libertar as pessoas da ação demoníaca. • Promovem uma aproximação com o Estado. • Apropriam-se dos meios de comunicação para apregoar sua fé.	• Fazem parte de um movimento evangélico nascido nos Estados Unidos. • Buscam proteger-se das transformações da modernidade. • Pregam a volta às origens da fé. • Estabelecem uma dicotomia entre corpo e alma. • Creem que os problemas levam as pessoas a Deus. • Consideram que questões contemporâneas, como a manipulação genética ou o aborto, não são discutíveis. • Alguns grupos acreditam que a internet pode ser um meio de afastar o fiel de Deus.	• **Diálogo interdenominacional:** • Visa à aproximação entre agrupamentos considerados evangélicos. • Busca ampliar ações evangelísticas ou impactos sociais. • **Diálogo inter-religioso:** • Busca o diálogo entre grupos religiosos mundiais. • Ressalta a aproximação entre as religiões, e não as diferenças entre elas.	• Acolher os pobres na teologia. • Promover o pluralismo religioso como realidade da cristandade num mundo global. • Compreender a revelação divina como tarefa essencial à fé cristã. • Retornar ao conceito do Deus bíblico, distanciado da lógica consumista. • Elaborar uma eclesiologia que retome Deus como centro, e não a instituição religiosa. • Retomar o conceito de missão divina.

Indicações culturais

BAUMAN, Z. **Amor líquido**: sobre a fragilidade dos laços humanos. Tradução de Carlos Alberto Medeiros. Rio de Janeiro: J. Zahar, 2004.

Nesse livro, o sociólogo polonês trata da mudança que ocorreu na virada do século XX para o XXI. A sociedade baseada no consumo exacerbado trouxe consigo a fragilização dos laços humanos. Os homens não desejam mais entrar em relacionamentos com problemas, acatando o caminho do descarte como forma de solução dos dilemas humanos. O livro auxilia na compreensão do ser humano que circula pelo mundo religioso atual.

DIÁLOGOS com Zygmunt Bauman. Produção: Telos Cultural. Brasil: Fronteiras do Pensamento, 2011. 30 min. Disponível em: <http://www.fronteiras.com/videos/dialogos-com-zygmunt-bauman>. Acesso em: 24 jul. 2017.

Entrevista concedida a Fernando Schüler e Mário Mazzilli, na qual Bauman comenta o pensamento pós-moderno e relata as mudanças de expectativas e as perspectivas de futuro do ser humano.

Atividades de autoavaliação

Questões para revisão

1. O mundo pós-moderno, conforme ressalta Bauman, é marcado pela seguinte característica:
   a) Percepção do surgimento do amor como sentimento muito semelhante à paixão, indicando relações descartáveis e passageiras, não mais de permanência.
   b) Reforço dos valores aprendidos desde a infância. O ser humano pós-moderno rejeita qualquer mudança.

c) Carência de amor, o que faz o ser humano buscar constantemente uma relação permanente e significativa. Ele aceita pagar todos os preços necessários para viver um amor eterno.

d) Estabelecimento da religião como a principal coluna da pós-modernidade. As pessoas apresentam uma tendência de elevar os valores transcendentes ao primeiro plano de suas vidas.

2. A lógica da teologia da prosperidade se alinha a uma teoria econômica que se espalhou pelas nações. Assinale a alternativa em que consta o nome dessa teoria:
   a) Comunismo.
   b) Neoliberalismo.
   c) Keynesianismo.
   d) Liberalismo.

3. O fundamentalismo cristão surgiu no Ocidente. Entre as afirmações a seguir, apenas uma delas **não** está de acordo com esse movimento; assinale-a.
   a) Prega a inerrância das Sagradas Escrituras. Normalmente, é pré-milenista.
   b) É essencialmente criacionista. Prega uma origem recente e divina da Terra, bem como dos animais aqui existentes.
   c) Considera que questões como alimentos transgênicos, manipulação genética para cura de doenças, homossexualidade, entre outras, não são passíveis de discussão.
   d) Crê que a humanidade segue em direção a uma vida melhor. A Igreja deve assumir o poder mundial para evitar a vinda do anticristo e plantar um céu espiritual agora mesmo, mesmo sem a volta de Jesus Cristo.

4. As questões a que a teologia e a Igreja precisam responder atualmente são bem mais complexas do que aquelas que se apresentam no início do século passado. Analise as afirmativas a seguir e assinale a única que está de acordo com a visão de Comblin (2005) sobre esse tema:
   a) As mudanças tecnológicas fizeram emergir temas que exigem um conhecimento abrangente. Assim, a interdisciplinaridade é um imperativo, garantindo a participação de toda a comunidade eclesiástica mediante os saberes inerentes à atividade profissional de cada um.
   b) Os desafios atuais exigem a retomada do aspecto dogmático para evitar a perda da mensagem da Igreja. Somente a dogmática consegue manter o cristianismo isento de contaminação de ideias seculares e mundanas.
   c) O cristianismo não precisa se posicionar quanto às questões contemporâneas, pois, nem mesmo Jesus Cristo se preocupou com as questões de seu tempo; essa atitude acaba por desviar a Igreja de seu principal papel que é levar pessoas para os céus.
   d) A atitude de abordar questionamentos contemporâneos nas Igrejas apresenta um grande risco, pois esses temas são sempre mutáveis, ao passo que a mensagem bíblica não o é. Dessa forma, a Igreja deve se preocupar com aquilo que é entral na sua mensagem por não poder atuar diretamente em todas as áreas da sociedade.

5. Assinale V nas afirmativas verdadeiras e F nas afirmativas falsas:
   ( ) As tecnologias de informação e comunicação (TICs) afetaram as relações entre as pessoas, criando um novo ser social.
   ( ) A Igreja deve contar com uma voz profética que denuncie as atrocidades cometidas contra os pobres.

( ) O pluralismo religioso não é uma questão tão importante no mundo atual. As religiões já delimitaram suas regiões de atuação desde o último século.

( ) O mundo carece de uma revelação teológica. As discussões a respeito dos dogmas e das teologias denominacionais são essenciais para o ser humano. Pregar um posicionamento religioso é comunicar a revelação divina para o homem.

( ) A Igreja precisa compreender profundamente Jesus Cristo e o seu ministério, para tornar-se uma agência do Reino de Deus que se perceba parte de um reino maior e transcendente.

Agora, assinale a alternativa que apresenta a sequência correta:

a) V, V, F, F, F.
b) V, F, F, F, V.
c) V, V, F, F, V.
d) V, F, V, F, V.

Atividades de aprendizagem

Questões para reflexão

1. Entre os desafios teológicos propostos por Comblin (2005), descreva quais já foram alcançadas e indique como os demais podem ser atingidos pela Igreja cristã contemporânea.

2. Reflita sobre o ambiente eclesiástico em que você está inserido e responda às questões que se seguem:
   a) Quais áreas precisam ser revistas para que seu ambiente eclesiástico consiga responder às necessidades da sociedade contemporânea?

b) Como o texto deste capítulo pode auxiliar no desenvolvimento de posturas teológicas para o ambiente em que você está inserido?

c) Que outros desafios você acrescentaria à teologia do século XXI?

3. Um dos aspectos marcantes do século XXI é a existência do mundo virtual ao alcance de um grande número de pessoas. Na contemporaneidade, De repente o ser humano pode falar em tempo real com pessoas que estão distantes milhares de quilômetros. Contam-se em centenas os amigos e companheiros de conversa nos meios virtuais. Compra-se por meio da internet em quase todos os países do mundo sem precisar sair do conforto do próprio lar. Mesmo com esta facilidade toda a solidão tem afetado uma grande quantidade de pessoas ao redor do planeta. Cientistas apontam que este é um mal que tende a se agravar neste século. Observando as questões ligadas ao século XXI descritas neste livro, como a igreja cristã pode responder a este desafio? Proponha ações que possam ser tomada em seu ambiente eclesiástico para enfrentar este problema contemporâneo.

Atividade aplicada: prática

1. Uma das importantes características do mundo pós-moderno é o consumismo. Analise discursos de líderes religiosos cristãos e descreva como eles encaram essa característica pós-moderna.

considerações finais

Ao longo desta obra, comentamos as ações de pregadores apaixonados e de políticos pragmáticos, e pudemos perceber que a jornada da Igreja cristã na América Latina, e no Brasil, em especial, sempre passou por percalços, mas teve a condução de homens e de mulheres dotados de seriedade que buscavam cumprir o plano divino em suas vidas. As intenções dessas pessoas sempre foram positivas, mas os resultados obtidos nem sempre o foram. Hoje a Igreja Católica, por exemplo, admite seus erros na evangelização dos indígenas, talvez o mesmo erro que deveria ser admitido pelos evangélicos dos Estados Unidos, onde imensos grupos indígenas foram destruídos sob os auspícios da Igreja e em nome do progresso.

No entanto, ainda que por motivos diferentes, a Igreja ainda se vê diante de uma realidade na qual a vida humana é secundária quando confrontada por interesses escusos. Indígenas continuam a ser assassinados no interior do Brasil por questões fundiárias. Nas favelas de todo o país, ocorrem chacinas por conta do tráfico de drogas. A homofobia e o racismo matam e destroem seres humanos em razão de preconceitos e de posicionamentos fundamentalistas. O trânsito produz uma mortandade silenciosa, na qual motoristas alcoolizados ou em alta velocidade ceifam vidas e sonhos diariamente, situação que só é noticiada quando o número de mortos atinge a casa das dezenas.

Lembrar dessas mortes violentas é, para o teólogo, motivo de frustação diante da sociedade pós-moderna. Silenciosamente, pessoas são usadas e descartadas por um sistema que as objetifica e as destrói emocionalmente. Na sarjeta da sociedade, como lixo acumulado, encontram-se pessoas desumanizadas, destruídas pelas drogas e pela depressão. Seres meio humanos, semi-humanos e descaídos da característica máxima que Deus colocou em suas vidas aguardam uma mensagem que não prometa o impossível, mas que ofereça uma razão para continuarem a existir, um motivo para acordarem e sonharem. Não são pessoas que necessitam de um dogma, mas de um cristianismo vivo e operante, que responda às suas mais íntimas perguntas, que responda às questões de uma sociedade em crise. O que elas necessitam é de um cristianismo embasado em uma teologia que seja adequada a um mundo em transformação. Esses são os desafios teológicos desenhados por **Comblin (2005)** para o exercício pleno do cristianismo e cujo entendimento é essencial para todo aquele que se aventura no estudo da teologia.

Cabe à Igreja, que se crê agência do Reino de Deus, observar a sociedade e não concordar com a destruição da natureza e de vidas, de famílias e de tantos outros valores inerentes ao cristianismo. É necessário que a Igreja compreenda que se trancar atrás de uma porta, no conforto dos templos ou na impessoalidade da televisão, é dar as costas à sua principal vocação, de ser luz e sal na Terra. Talvez este seja o principal desafio, pois, "se o sal se tornar insosso, com que o salgaremos? Para nada mais serve, senão para ser lançado fora e pisado pelos homens" (Mateus, 5: 13).

Logo, coloca-se à Igreja a seguinte questão: Como salgar o mundo atual? Saindo do saleiro e contaminando o mundo com seu sabor, sendo uma incansável perseguidora da vontade divina, não se conformando com o mundo, mas transformando-o por sua ação como representante da Verdade na Terra (Romanos, 12: 2). A Igreja deve estar atenta à história que a cerca. Não com uma atitude de crítica, mas compreendendo-se como agente de transformação. Essa transformação não pode ser levada a efeito pela força humana ou de leis, mas pela ação do Espírito Santo, em uma Igreja que se sente cúmplice de um propósito sempiterno, uma Igreja que é noiva, e não, algoz.

Durante nossa abordagem, citamos períodos em que a resposta da Igreja exigia a aproximação com o Estado, momentos em que ambos precisaram afastar-se e épocas em que um se alimentou do outro. E na atualidade: Qual é a relação que a Igreja precisa desenvolver com o Estado? Cabe ainda uma aproximação predatória entre eles?

Cremos que não, mas é inegável a necessidade de uma relação entre essas instituições. A Igreja não pode ser inoperante diante das mudanças de que a sociedade necessita, e a aproximação entre elas pode ser um dos caminhos para a realização da sua missão na Terra. É preciso, contudo, tomar muito cuidado para que a esse contato seja politizado, mas não partidário, ou seja, deve ser uma relação que atenda aos interesses mútuos, sem a cooptação ética e moral pela lógica partidária. Dessa forma, o teólogo precisa compreender essas questões em sua análise da mensagem e da prática eclesiástica. É um desafio de reinterpretação do papel da Igreja no mundo mediante a cooperação com o Estado na redenção do ser humano, fator principal da motivação divina em enviar Jesus Cristo à Terra (João, 3: 16).

Outra questão que devemos ressaltar é o papel educacional da Igreja. Jesus Cristo dedicou boa parte de seu ministério ensinando. Em sua grande comissão, ele afirmou a necessidade de a Igreja ensinar o que ele havia mandado (Mateus, 28: 20). Por isso, um dos grandes desafios que se impõem à Igreja é a retomada de seu papel de protagonista no campo educacional; não um protagonismo ancorado no dogmatismo ou no proselitismo, mas que contemple uma percepção profunda da importância de influenciar a sociedade rumo à valorização do ser humano como criatura divina. Os avanços e os retrocessos no campo educacional traduzem as idas e vindas do discurso teológico. Numa sociedade que reduz a significação do ser humano aos aspectos meramente materiais, faz-se necessária uma Igreja que indique a mensagem capaz de fazê-lo encontrar-se com a transcendência.

Por último, salientamos a relevância do diálogo entre os diversos agrupamentos cristãos e com as demais religiões mundiais. Diálogo não pressupõe perda da identidade, mas a possibilidade de os interlocutores encontrarem pontos em comum para potencializá-los, deixando os dogmas para uso no ambiente interno do grupo religioso. Numa sociedade em que guerras são ancoradas em dogmas religiosos, esse diálogo é essencial. Basta abrirmos um jornal para percebermos como a intolerância religiosa tem destruído vidas e nações. Um dos papéis mais difíceis da teologia é encontrar espaços para o diálogo. Muitos teólogos acabam tendo que exercer suas funções em um mundo eclesial ligado a denominações orientadas por dogmas inflexíveis. Manter a coerência teológica, a fé embasada e uma postura aberta ao diálogo são grandes desafios indicados por Comblin (2005). No mundo globalizado de hoje, o encontro entre diferentes grupos religiosos é inevitável, o diálogo entre eles é essencial e a coerência dos discursos é um imperativo.

Ao contrário da essência da mensagem divina, que continua a mesma, as perguntas da humanidade que precisam ser respondidas mudam a cada dia. Conhecer as Sagradas Escrituras é tão imprescindível quanto conhecer o conteúdo do jornal do dia na vida daquele pretende ser relevante para a Igreja. Talvez seja exatamente o fato de que um livro tão antigo ainda ofereça respostas para o mundo presente que tenha levado tantas pessoas a frequentarem cursos de Teologia. O *conhecimento* – primeira palavra essencial que apresentamos na introdução desta obra – da história da Igreja em solo brasileiro deve servir como estímulo para que você, leitor, busque por novas perspectivas para o estabelecimento de uma *relação* – a segunda palavra essencial – entre a fé e os desafios apresentados pelas mudanças que ocorrem com o passar do tempo. Essa relação indica o imperativo de uma *formação* – terceira e última palavra essencial – do estudante da história da Igreja como agente transformador, ciente do passado, atento ao presente e comprometido com o futuro dessa história que se constrói a todo o instante.

Por isso, afirmamos: nossa discussão não termina aqui porque a conclusão pressupõe o término de um trabalho, uma apreciação de tudo o que foi construído, trazendo em si o prazer de que se chegou ao fim. Não é exatamente essa a perspectiva da história, pois ela continua. Tudo o que foi feito até agora afetará, de forma indelével, as ações e as perspectivas futuras. As decisões que, em especial, a Igreja da atualidade toma trarão consequências que exigirão que o teólogo esteja bem preparado para dar respostas que garantam a continuidade de um projeto milenar.

referências

ALENCASTRO, L. F. de. **O trato dos viventes**: formação do Brasil no Atlântico Sul – séculos XVI e XVII. São Paulo: Companhia das Letras, 2000.

ALMEIDA, V. de. Os metodistas e o golpe militar de 1964. **Estudos de Religião**, São Bernardo do Campo, v. 23, n. 37, p. 53-68, jul./dez. 2009. Disponível em: <https://www.metodista.br/revistas/revistas-ims/index.php/ER/article/download/1516/1542>. Acesso em: 7 ago. 2017.

ALVES, M. M. **A Igreja e a política no Brasil**. São Paulo: Brasiliense, 1979.

ANDRADE, W. C. de. "As duas espadas": conflito na interpretação historiográfica do Brasil Colônia. **Rever: Revista de Estudos da Religião**, São Paulo, n. 1, p. 91-112, 2004. Disponível em: <http://www.pucsp.br/rever/rv1_2004/p_andrade.pdf>. Acesso em: 7 ago. 2017.

BAUMAN, Z. **Amor líquido**: sobre a fragilidade dos laços humanos. Tradução de Carlos Alberto Medeiros. Rio de Janeiro: J. Zahar, 2004.

BELLOTTI, K. K. A batalha pelo ar: a construção do fundamentalismo cristão norte-americano e a reconstrução dos "valores familiares" pela mídia (1920-1970). **Mandrágora**: Gênero, Fundamentalismo e Religião, São Bernardo do Campo, v. 14, n. 14, p. 55-73, 2008. Disponível em: <https://www.metodista.br/revistas/revistas-ims/index.php/MA/article/view/696/697>. Acesso em: 21 jul. 2017.

BETTO, Frei. **O que é Comunidade Eclesial de Base**. São Paulo: Abril Cultural, 1985.

BÍBLIA. Português. **Bíblia de Jerusalém**. São Paulo: Paulus, 2002.

BICALHO, M. F. B. A França Antártica, o corso, a conquista e a "peçonha luterana". **História** (São Paulo), Franca, v. 27, n. 1, p. 29-50, 2008. Disponível em: <http://www.scielo.br/pdf/his/v27n1/a04v27n1.pdf>. Acesso em: 7 ago. 2017.

BONINO, J. M. **Rostos do protestantismo latino-americano**. Tradução de Luís M. Sander. São Leopoldo: Sinodal, 2003.

BRAKEMEIER, G. Ecumenismo: repensando o significado e a abrangência de um termo. **Perspectiva Teológica**, Belo Horizonte, v. 33, n. 90, p. 195-216, 2001. Disponível em: <http://faje.edu.br/periodicos/index.php/perspectiva/article/view/793/1224>. Acesso em: 7 ago. 2017.

BRASIL. Lei n. 12.528, de 18 de novembro de 2011. **Diário Oficial da União**, Poder Legislativo, Brasília, DF, 18 nov. 2011. Disponível em: <http://www.planalto.gov.br/ccivil_03/_ato2011-2014/2011/lei/l12528.htm>. Acesso em: 7 ago. 2017.

CAIRNS, E. E. **O Cristianismo através dos séculos**: uma história da Igreja cristã. 3. ed. Tradução de Israel Belo de Azevedo e Valdemar Kroker. São Paulo: Vida Nova, 2008.

CALVANI, C. E. B. A educação no projeto missionário do protestantismo no Brasil. **Revista Pistis e Praxis**: Teologia e Pastoral, Curitiba, v. 1, n. 1, p. 53-69, jan./jun. 2009. Disponível em: <http://www2.pucpr.br/reol/index.php/pistis?dd99=pdf&dd1=2479>. Acesso em: 7 ago. 2017.

CAMINHA, P. V. de. Carta de Pero Vaz de Caminha. In: PEREIRA, P. R. (Org.). **Os três únicos testemunhos do descobrimento do Brasil.** Rio de Janeiro: Lacerda, 1999. p. 58

CASTELLS, M. **A sociedade em rede**. 8. ed. Tradução de Roneide Venancio Majer. São Paulo: Paz e Terra, 1999. vol. 1

COMBLIN, J. **Quais os desafios dos temas teológicos atuais?**. São Paulo: Paulus, 2005.

COMBY, J. **Para ler a história da igreja**: das origens ao século XV. 3. ed. Tradução de Maria Stela Gonçalves. São Paulo: Edições Loyola, 2001. Tomo I.

COSTA, H. M. P. da. O protestantismo no Brasil: aspectos jurídicos, culturais e sociais de sua implantação – final. **Revista Ciências da Religião: História e Sociedade**, São Paulo, v. 5, n. 2, p. 93-121, 2007. Disponível em: <http://editorarevistas.mackenzie.br/index.php/cr/article/view/488/304>. Acesso em: 7 ago. 2017.

CUSTÓDIO, J. de A. C. A arquitetura de defesa no Brasil colonial. **Discursos fotográficos,** Londrina, v. 7, n. 10, p. 173-194, jan./jun. 2011. Disponível em: <http://www.uel.br/revistas/uel/index.php/discursosfotograficos/article/view/9224>. Acesso em: 7 ago. 2017.

D'ARAUJO, M. C. S. **O Estado Novo**. Rio de Janeiro: J. Zahar, 2000.

DAWSEY, J. C. O espelho americano: americanos para brasileiro ver e brazilians for american to see. **Revista de Antropologia**, São Paulo, v. 37, p. 203-256, 1994.

DREHER, M. N. **Fundamentalismo**. São Leopoldo: Sinodal, 2006. (Série Para Entender).

ELMALAN, S. Villegagnon ou a utopia tropical. **História** (São Paulo), Franca, v. 27, n. 1, p. 247-281, 2008. Disponível em: <http://www.scielo.br/pdf/his/v27n1/a13v27n1.pdf>. Acesso em: 13 jul. 2017.

HALL, S. **A identidade cultural na pós-modernidade**. 11. ed. Tradução de Tomaz Tadeu da Silva e Guacira Lopes Louro. Rio de Janeiro: DP&A, 2011.

HOBSBAWM, E. **Era dos extremos**: o breve século XX – 1914-1991. Tradução de Marcos Santana. 2. ed. São Paulo: Companhia das Letras, 1995.

HOLANDA, S. B de. **Visão do paraíso**: os motivos edênicos no descobrimento e colonização do Brasil. 6. ed. São Paulo: Brasiliense, 1996.

HORTAL, J. **E haverá um só rebanho**: história, doutrina e prática católica do ecumenismo. São Paulo: Edições Loyola, 1989.

JOÃO XXIII, Papa. **Humanae salutis**: constituição apostólica do Sumo Pontífice João XXIII – para convocação do Consílio Vaticano II. Vaticano, 25 dez. 1961. Disponível em: <https://w2.vatican.va/content/john-xxiii/pt/apost_constitutions/1961/documents/hf_j-xxiii_apc_19611225_humanae-salutis.html >. Acesso em: 7 ago. 2017.

J. R. P. Responsabilidade dos crentes nesta hora. **O Jornal Batista**, Rio de Janeiro, 12 abr. 1964. p. 3. Disponível em: <http://www.batistas.com/index.php/o-jornal-batista/acervo-digital>. Acesso em: 7 ago. 2017.

LEONARDIS, B. de. Messianismo na caatinga. In: ABDALA JÚNIOR, B.; ALEXANDRE, I. M. M. (Org.). **Canudos**: palavra de Deus, sonho da Terra. São Paulo: Senac; Boitempo, 1997. p. 43-56.

LÉVY, P. **Cibercultura**. São Paulo: Editora 34, 1999.

LIBANIO, J. B. **Concílio Vaticano II**: em busca de uma primeira compreensão. São Paulo: Edições Loyola, 2005.

LUCENA, E. Comunistas graças a Deus: um estudo sobre protestantes comunistas em Pernambuco nos anos 1940. **Mnemosine Revista**, Campina Grande, v. 3, n. 1, p. 7-18, jan./jun. 2012. Disponível em: <http://docs.wixstatic.com/ugd/101348_ecbf5d85eac8407e9c3795fba9b956fd.pdf>. Acesso em: 7 ago. 2017.

MARIANO, R. Os neopentecostais e a teologia da prosperidade. **Novos Estudos – Cebrap**, São Paulo, n. 44, p. 24-44, mar. 1996. Disponível em: <http://novosestudos.org.br/v1/files/uploads/contents/78/20080626_os_neopentecostais.pdf>. Acesso em: 21 jul. 2017.

MENDONÇA, A. G. O protestantismo no Brasil e suas encruzilhadas. **Revista Usp**, São Paulo, n. 67, p. 48-67, set./nov. 2005. Disponível em: <http://www.revistas.usp.br/revusp/article/viewFile/13455/15273>. Acesso em: 7 ago. 2017.

MENDONÇA, A. G.; VELASQUES FILHO, P. **Introdução ao protestantismo no Brasil**. São Paulo: Edições Loyola, 1990.

MENDONÇA, C. V. C. de et al. Luz, escuridão e penumbra: o Governo Vargas e a Igreja Católica. **Dimensões**, Vitória, n. 27, p. 277-291, 2011. Disponível em: <http://www.periodicos.ufes.br/dimensoes/article/download/2594/2090>. Acesso em: 7 ago. 2017.

MORAN, J. M.; MASETTO, M. T.; BEHRENS, M. A. **Novas tecnologias e mediação pedagógica**. 16. ed. Campinas: Papirus, 2009.

NAVARRO, J. B. **Para compreender o ecumenismo**. Tradução de Maria Stela Gonçalves e Adail Ubirajara Sobral. São Paulo: Edições Loyola, 1995.

OLIVEIRA, M. M. de. As origens da educação no Brasil: da hegemonia católica às primeiras tentativas de organização do ensino. **Ensaio**: Avaliação e Políticas Públicas em Educação, Rio de Janeiro, v. 12, n. 45, p. 945-958, out./dez. 2004. Disponível em: <http://www.scielo.br/pdf/ensaio/v12n45/v12n45a03.pdf>. Acesso em: 7 ago. 2017.

O SETE de setembro e o discurso do Presidente Vargas. **O Batista**, Ponta Grossa, ano XV, n. 155, p. 1, set. 1941.

RENDERS, H. O fundamentalismo na perspectiva da teoria da imagem: distinções entre aproximações iconoclastas, iconófilas e iconólatras às representações do divino. **Estudos de Religião**, São Bernardo do Campo, v. 22, n. 35, p. 87-107, jul./dez. 2008. Disponível em: <https://www.metodista.br/revistas/revistas-ims/index.php/ER/article/download/174/184>. Acesso em: 7 ago. 2017.

SCHALKWIJK, F. L. **Igreja e Estado no Brasil holandês**: (1630-1654). 3 ed. São Paulo: Cultura Cristã, 2004.

SOARES, K. C. D. **Trabalho docente e conhecimento**. Tese (Doutorado em Educação) – Universidade Federal de Santa Catarina, Florianópolis, 2008. Disponível em: <https://repositorio.ufsc.br/xmlui/handle/123456789/91696>. Acesso em: 7 ago. 2017.

TORQUATO, R. A. A linguagem audiovisual no espaço da educação religiosa: algumas considerações. **Revista Educador**, Rio de janeiro, v. 75, p. 9-12, 2012.

ZACHARIADHES, G. C. (Org.). **Ditadura militar na Bahia**: novos olhares, novos objetivos, novos horizontes. Salvador: Ed. da UFBA, 2009. Disponível em: <http://www.dhnet.org.br/verdade/resistencia/ufba_ditadura_militar_na_bahia_1.pdf>. Acesso em: 7 ago. 2017.

bibliografia comentada

BAUMAN, Z. **Amor líquido**: sobre a fragilidade dos laços humanos. Tradução de Carlos Alberto Medeiros. Rio de Janeiro: J. Zahar, 2004.

____. **Vida líquida**. Rio de Janeiro: J. Zahar, 2009.

Um dos mais importantes sociólogos contemporâneos, Zygmunt Bauman trabalha o conceito de *sociedade líquida*. Os dois livros tratam dessa nova realidade social que atinge o mundo contemporâneo – uma realidade em que as relações virtuais têm suplantado aquelas experimentadas no mundo real. Numa sociedade cheia de objetos descartáveis, os relacionamentos passam a ser tratados segundo a mesma lógica. Poucos são os que se arriscam a ter um relacionamento permanente, pois, ao primeiro sinal de desgaste, a tendência é jogar-se fora e abrir-se a novas possibilidades. Essa maneira de ver o mundo tem contagiado várias áreas da existência humana, inclusive a fé. Valores considerados essenciais para o cristianismo tendem a ser minorados. Embora nessas obras o autor não trate da questão de fé, essas são leituras importantes para qualquer teólogo que tenha como objetivo uma perspectiva mais profunda sobre o mundo contemporâneo e sobre a decadência de valores que atinge a sociedade atual.

CAIRNS, E. E. **O Cristianismo através dos séculos**: uma história da Igreja cristã. 3. ed. Tradução de Israel Belo de Azevedo e Valdemar Kroker. São Paulo: Vida Nova, 2008.

Esse é considerado um dos principais livros sobre a história da Igreja. Começa com o nascimento do cristianismo, evidenciando as dificuldades da Igreja no primeiro século. Perpassa os diversos períodos históricos tendo como perspectiva a atuação da Igreja na sociedade de cada época. A principal contribuição de Earle Edwin Cairns é sua abordagem da história da Igreja na América Latina e no Brasil. Essa é, portanto, uma leitura obrigatória para todo estudante que deseja aprofundar-se no assunto.

COMBLIN, J. **Quais os desafios dos temas teológicos atuais?** São Paulo: Paulus, 2005.

José Comblin é um dos grandes expoentes da teologia latino-americana. Suas obras são marcadas pela busca de coadunar a teologia cristã com os problemas típicos de uma sociedade em desenvolvimento. Nesse trabalho, bastante resumido e de fácil leitura, o autor questiona o contexto social do início do século XXI e os desafios constantes para o teólogo que almeja ser relevante para a sociedade que o cerca. Sua leitura do mundo atual, pelo prisma da Teologia da Libertação, privilegia o querigma (proclamação do Evangelho) como instrumento capaz de transformar a realidade social.

DREHER, M. N. **Fundamentalismo**. São Leopoldo: Sinodal, 2006. (Série Para Entender).

Martin Norberto Dreher trata de forma resumida e muito clara a questão do fundamentalismo religioso cristão. Essa forma de ver a fé tem sido uma realidade que polariza os grupos cristãos, impedindo um diálogo mais profundo com vistas à cooperação. O autor dedica suas páginas a compreender a mentalidade e as consequências desse movimento diante das demandas religiosas da sociedade.

LIBANIO, J. B. **Concílio Vaticano II**: em busca de uma primeira compreensão. São Paulo: Edições Loyola, 2005.

Teólogo, padre jesuíta e escritor, João Batista Libanio também foi professor de Teologia e estudioso do cristianismo brasileiro. Após séculos de prevalência de uma visão tridentina, a Igreja viu-se diante de desafios que superavam as respostas encontradas até então. Foi nesse clima que o Papa João XXIII convocou o Concílio Vaticano II, em 1961. O documento final, de 1965, é analisado por Libanio, que indica os caminhos e possibilidades de um dos mais importantes documentos contemporâneos da Igreja Católica Romana. Independentemente da denominação cristã que você siga, esse é um importante texto **para a compreensão da mentalidade cristã no século XX**. Como o documento ainda é válido, visto que não ocorreu nenhum outro concílio católico, depois desse, ele traduz a base teológica da Igreja Católica contemporânea.

SCHALKWIJK, F. L. **Igreja e Estado no Brasil holandês**: 1630-1654. 3. ed. São Paulo: Cultura Cristã, 2004.

Essa é uma importante obra para a compreensão da presença dos holandeses em território brasileiro, uma das fases da história do Brasil com muitas lacunas a serem estudadas. Duas dificuldades se apresentam para o estudante desse período: a língua holandesa antiga e o acesso aos documentos da época, que estão na Holanda e são restritos. Frans Leonard Schalkwijk aproveita sua origem étnica para realizar, a partir dos documentos da Companhia das Índias Ocidentais, um estudo sistematizado dos holandeses calvinistas que chegaram em solo brasileiro. O autor busca traçar o dia a dia de pastores e pregadores leigos que passaram pelo Nordeste com o interesse de implantar sua fé entre os índios brasileiros. Trata também dos primeiros índios **pastores da história, suas dificuldades e seu afinco na propagação da fé.** Mostra ainda os aspectos de tolerância religiosa apresentada pelos holandeses e explora o nascimento da primeira sinagoga judaica em solo brasileiro e o papel dos judeus na economia colonial. Embora seja um livro bastante extenso, a maneira com que Schalkwijk o escreve oferece uma leitura leve em que a imaginação do leitor é conduzida **em direção ao Brasil do século XVII.**

respostas

Capítulo 1

Atividades de autoavaliação

Questões para revisão

1. c
2. a
3. d
4. a
5. b

Capítulo 2

Atividades de autoavaliação

Questões para revisão

1. d
2. b
3. d
4. c
5. c

Capítulo 3

Atividades de autoavaliação

Questões para revisão

1. c
2. a
3. b
4. a
5. d

Capítulo 4

Atividades de autoavaliação

Questões para revisão

1. d
2. a
3. c
4. a
5. b

Capítulo 5

Atividades de autoavaliação

Questões para revisão
1. c
2. a
3. a
4. d
5. d

Capítulo 6

Atividades de autoavaliação

Questões para revisão
1. a
2. b
3. d
4. a
5. c

sobre o autor

Nilton Maurício Martins Torquato graduou-se, em 1991, em Teologia pelo Seminário Teológico Batista do Sul do Brasil (STBSB) e revalidou seu diploma na Faculdade Teológica Batista do Paraná (Fabapar). Licenciou-se, em 2006, em História pela Universidade Federal do Paraná (UFPR), quando estudou as relações entre a Igreja e o Estado na Era Vargas, com ênfase nos grupos evangélicos. Especializou-se em Gestão e Educação Ambiental, quando se dedicou a estudar a relação entre a teologia e a questão ambiental no mundo contemporâneo. O fruto dessa pesquisa foi apresentado, em 2016, no VIII Seminário Nacional Religião e Sociedade: o espaço do sagrado no século, promovido pelo Núcleo Paranaense de Pesquisa em Religião (Nupper). Atualmente, cursa o mestrado em Educação e Novas Tecnologias no Centro Universitário

Internacional (Uninter). Seu tema de trabalho está ligado ao ensino de História em ambiente de jogos.

É professor de História e Sociologia no Colégio Bagozzi e leciona Teologia e História da Igreja na Faculdade Teológica Betânia (Fatebe) desde 1999. Nessa instituição, tem coordenado o grupo de pesquisa em espiritualidade, no qual conduz os alunos à reflexão sobre o papel da espiritualidade no Brasil contemporâneo sem perder a essência da mensagem bíblica.

Como pastor evangélico, atua em igrejas na capital paranaense há mais de 26 anos. Também participa do conselho editorial da *Revista Juntos*, publicada pela Convenção Batista Paranaense (CBP). Faz parte do grupo de trabalho responsável pela construção de um livro que contará a história da CBP em comemoração ao centenário da instituição, em 2019.

Os papéis utilizados neste livro, certificados por instituições ambientais competentes, são recicláveis, provenientes de fontes renováveis e, portanto, um meio responsável e natural de informação e conhecimento.

FSC
www.fsc.org
MISTO
Papel produzido a partir de fontes responsáveis
FSC® C103535

Impressão: Reproset
Julho/2021